🍒 さくらんぼ教室メソッド

プレ思春期の SSTワーク
ソーシャルスキルトレーニング

SSTワークシートは専用サイトでダウンロードできます

以下のURLにアクセスし、ID・パスワードを入力の上、ダウンロードしてください。

https://gbc-library.gakken.jp/books/contents/register

ID　88uhe　　パスワード　y8qmvkdv

※ダウンロードページをリロードするとエラーになるため、お気に入り登録等せず、上記URLから閲覧ください。

Gakken

CONTENTS

本書の使い方 ………………………………………………………………… 6

はじめに ……………………………………………………………………… 8

子どもに聞いてみよう！ ………………………………………………… 12

第1章 プレ思春期の心と体　13

1　変化してきた自分の体を知ろう …………………………………… 14
2　思春期って何？ ……………………………………………………… 16
3　生活のリズムと健康について考えよう …………………………… 18
4　体のサインに気づこう ……………………………………………… 20
5　体の成長について話そう（男子） ………………………………… 22
6　体の成長について話そう（女子） ………………………………… 24
7　思春期の体を守る …………………………………………………… 26
8　いろいろな気持ちに気づこう ……………………………………… 28
9　気持ちを表す言葉を探そう ………………………………………… 30
10　行動と気持ちについて考えよう …………………………………… 32
11　不安な気持ちについて考えよう …………………………………… 34
12　いかりについて考えよう …………………………………………… 36

13	リラクゼーションで気分をかえよう	38
14	相談できる人を見つけよう	40
15	おたがいに助け合おう	42
16	「ありがとう」の気持ちを伝えよう	44
17	人を好きになる気持ちについて考えよう	46
18	変化してきた自分の心を知ろう	48
19	自分はどんな人？	50
20	自分の中にいる「キャラクター」は？	52
21	「心の部屋」をのぞいてみよう	54
22	自分の個性を考えよう	56
23	「強い心」「弱い心」について考えよう	58
24	苦手なことにチャレンジしよう	60
25	周りの人から見た自分について考えよう	62
26	「自分の説明書」をつくろう	64
27	将来の自分について考えよう	66
28	思春期のメンタルケア①	68
29	思春期のメンタルケア②	70

COLUMN　こんなときは ……… 72

CONTENTS

第2章 プレ思春期の社会生活　　73

30	表情や態度から気持ちを想像しよう	74
31	表情や言い方をくふうしよう	76
32	人とのちょうどよいきょりを知ろう	78
33	友だちと折り合いをつけよう	80
34	友だちと外出しよう	82
35	友だちとのちがいを考えよう	84
36	いじめについて考えよう	86
37	「生活スキル」をチェックしよう	88
38	一人でできるかな？	90
39	時間を大切に使おう	92
40	優先順位を考えよう	94
41	学習計画を立てよう	96
42	お金を大切に使おう	98
43	予算内で買い物をしよう	100
44	親子関係について考えよう	102
45	生活の中の「どうして？」を考えよう	104
46	家族と話そう	106
47	いろいろな表現を使って話そう	108
48	ていねいな言葉で話そう	110
49	公共の場について考えよう	112

50	外出時の安全管理①	114
51	外出時の安全管理②	116
52	きん急のときの対応を考えよう①	118
53	きん急のときの対応を考えよう②	120
54	インターネットを安全に使おう	122
55	メッセージアプリのルール	124
56	SNSとのじょうずなつき合い方	126
57	インターネットのルールを知ろう	128
58	ニュースを見てみよう	130
59	ユニバーサルデザインについて考えよう	132
60	多様性について考えよう	134

COLUMN　　こんなときは ………………………………………… 136

第3章
さくらんぼ教室のSST紹介　　137

自分の中にいる「キャラクター」とのつき合い方	138
自分の個性を考えよう	139
思春期って何？	140
自己管理をしよう	141
SNSとのつき合い方	142
友人とは？	143

本書の使い方

**SSTワークシートを専用サイトで
ダウンロードする方法**

以下のURLにアクセスし、ID・パスワードを入力の上、ダウンロードしてください。

https://gbc-library.gakken.jp/books/contents/register

ID　88uhe　　パスワード　y8qmvkdv

※ダウンロードページをリロードするとエラーになるため、お気に入り登録等せず、上記URLから閲覧ください。

ワークシートの選び方

ワークシートを順に学習する方法と、一人ひとりの課題に合わせて関連するシートをピックアップする方法があります。

ワークシートを順に学習する方法

「プレ思春期の心と体」→「プレ思春期の社会生活」の順に学んでいきます。「社会生活についての知識や経験が少ない」「なんとなく生活できているようにみえるが理解していない」という子どもに合っています。ソーシャルスキルを身近な内容から順に学ぶことで、できていることとできていないこと、理解していることと理解していないことに、本人も指導者も気づくことができます。

一人ひとりの課題に合わせてワークシートをピックアップする方法

「特に学んでほしい」「特に目立つ課題がある」という子どもに合った方法です。本人に必要な課題を選択し、関連するシートを選んでください。実際に取り組んでみると、新たな課題に気づくこともあるでしょう。その場合は、新たな課題に合わせて選択するか、関連するシートを順に学習しながら、本人の得意なことと苦手なことを整理してみます。

子どもに合った方法で、取り組みましょう。

ワークシートの進め方

各テーマについて、子どもたちがどう感じているか、会話をしながら楽しく進めます。

指導のしかた

　指導の形態は、クラスの全体指導、グループの小集団指導、マンツーマンの個別指導、いずれの場面でも活用できます。

　子どもたちにはダウンロードしたワークシートを一人1枚ずつプリントアウトして配付し、子どもたちは書きこみながら活動します。

　ワークシートには、日付と名まえの記入欄があり、学習後は番号順にファイルなどにとじていくと、あとから見返すことができ、その子どもだけのSSTブックとして、くり返し活用できます。

　指導の際には、本誌の**「ワークのポイント」「最初に話してみよう」「進め方」「生活にいかそう」**を参考に、子どもの様子に合わせて進めてください。

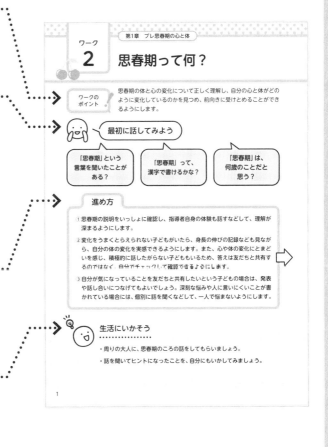

- **「ワークのポイント」**
そのシートの活動をとおして、子どもに身につけてほしいこと。

- **「最初に話してみよう」**
ワークシートに取り組む前に、学ぶテーマに関連することを語りかけ、ワークに入る前に自分の考えを話しやすいような雰囲気をつくったり、イメージしやすいようにしたりする声かけの例。

- **「進め方」**
大まかな指導の道筋。子どもの様子に合わせてくふうすることや配慮すること。

- **「生活にいかそう」**
ワークシートで学んだことを生活の中で実際にいかせるようにするためのヒント。

はじめに

　元気いっぱいでかわいかった子どもたちも、小学校高学年になるとどこか大人びた表情を見せるようになりますね。体が成長し、自分自身や友だちへの感じ方が少し変わってくる時期、これが子どもたちの「プレ思春期」のはじまりといえるでしょう。発達がゆっくりな子ども、得意・苦手の差が大きい子どもたちにも、年齢とともに「プレ思春期」がやってきます。自分自身や周囲の友だちの変化や成長を受け入れられず、言葉にできないとまどいを感じる子どもも多くいるでしょう。いつも子どもたちの身近で見守ってきた保護者の方や先生方には、いろいろな個性をもつ子どもたちが「プレ思春期」とうまくつき合って成長できるように、あと押ししてあげていただきたいと思います。

　本書は「プレ思春期」についての理解や自立に向けて必要なスキルを、さくらんぼ教室で実践してきたソーシャルスキルトレーニングの取り組みから、「意識化」「見える化」「言語化」しながら学べる６０のワークシートにしました。子どもたちが自分自身の個性や成長を肯定的にとらえ、内面の気持ちにも目を向けながら、楽しく学んでいくことをイメージしています。

　「どんな大人になるのかな？」子どもたちの成長を楽しみに、いっしょに考えてあげてください。

🍒 学びの中でくふうしたいこと

第1章　プレ思春期の心と体

少しずつ変化していく自身の心と体について知り、「自分らしさ」を大切にしながら自己理解を深めていきます。

●性について

体や心の変化は「はずかしいもの」ではなく、「大人になるための大切な準備」として前向きにとらえられるよう、タイミングを見ながら周囲の大人からも情報を提供してあげましょう。信頼できる友だちと、男女別にそれぞれのとらえ方について話し合える機会があるとよいでしょう。

●気持ち・感情について

小さなことが気になったり、友だちとのちがいや「他人からどう見られているか」が気になったりする時期です。理由がわからないのにもやもやしたり、いらいらしたりすることもあるでしょう。そんな子どもの言動を注意するのではなく、複雑な気持ちの変化を受け入れてあげましょう。プラスの気持ちや感情を大切にすることはもちろん、マイナスの気持ちや感情も「悪いもの」ではないので、リラックスする方法や気持ちを切り替える方法をくふうし、「うまくつき合っていくことが大事」だと気づけるようにします。

●「自分」の個性について

お兄さん、お姉さんになりきれず、「自分とはどんな人」がまだぼんやりとしている時期です。「自分らしさ」についてゆっくり考えられるよう、身近な大人からもその子のよさを「言語化」してフィードバックしてあげましょう。だれにでも長所・短所があり、いずれも大切な「個性」だと気づけるようにします。

●心の健康について

　日々の生活の中でがんばれているように見える子どもたちですが、見えないストレスをかかえてはいないでしょうか。ストレスとは何かを知ることからはじめ、体はもちろん、心の健康を保つ大切さについても考えていきましょう。

第2章　プレ思春期の社会生活

コミュニケーションや時間、金銭管理など、子どもたちの生活の中の課題に注目し、「生活の中でできること」を増やして、将来の自立に向けた準備をしていきます。

●友だちづき合いについて

　友だち関係や、コミュニケーションがあいまいかつ複雑になる時期です。日常の「コミュニケーション」や距離感について見直し、お互いが楽しく、理解し合えるつき合い方を、実践をとおして練習していきましょう。

●生活について

　日常生活をふり返り、時間の使い方、お金の使い方などを見直してみます。大人が生活の中でくふうしていることを、話してあげるとよいでしょう。「元気に楽しく生活すること」「やるべきことをしっかりできるようにすること」、どちらも大事だということに気づき、うまくいく「コツ」を見つけ、継続できるようにします。

● 安全について

「知らない人に声をかけられたら……」「お金を貸してと言われたら……」思わぬできごとから危険や犯罪につながることもあります。子どもが不安になりすぎないように気をつけながらも、ふだんから、身近な「危険」について知っておくことや緊急時の対応を考えておくことは大事です。「危険」を自分で感じ取って早い段階で相談できるためにも、日ごろから準備をしていきましょう。

● ＳＮＳ・インターネットについて

子どもたちになくてはならないものになりつつあるスマートフォン。便利な一方で、ＳＮＳやインターネットのトラブルはあとを絶ちません。ＳＮＳやオンラインゲームなどは、知らない人と簡単につながってしまう危険性もあることを知り、家族とのルールを決めておき、日ごろから親子で見直す習慣をつけていきましょう。

いずれの領域も、学校で「教科」として教えるものではありませんし、「正しい答え」が明確なわけでもありません。取り組みにあたっては、子どもに「やらせる」のではなく、「いっしょに考えてみよう」というかかわり方で、たくさんコミュニケーションをはかりながら楽しく取り組んでいただきたいと思います。

子どもたちが「自分自身」も「周りの人」も大切にし、多くの人とコミュニケーションをはかりながら安全で楽しい生活を送れるよう、みんなで見守っていきましょう。

(伊庭葉子)

【子どもに聞いてみよう！】

学習前に、子どもに「"自分"について」「社会生活について」の「いま」の状況を、簡単に質問してみましょう。子どもを知る手がかりになります。

"自分" について

☐ 毎日元気に過ごしている？

☐ あなたのよいところは？

☐ 苦手なことにもチャレンジしている？

☐ 気持ちの切りかえがうまくできる？

☐ あなたの好きなことは？

将来の夢・目標

社会生活について

☐ 何でも相談できる友だちがいる？

☐ 朝は一人で起きている？

☐ ゲームをする時間を決めている？

☐ 整理整頓ができている？

☐ 一人で買い物ができる？

☐ ＳＮＳのマナーに気をつけている？

一人でできるように
なりたいこと

第1章
プレ思春期の心と体

あなたの心の部屋

バイク	友達	アニメ
音楽	ゲーム	仮面ライダー
映画	ゴジラ	家族

成長していく心と体について理解を深めましょう！

真ん中の「安心」がいちばん大事！
周りの八つの部屋のものがそろうと、安心する！

あなたの心の部屋

乗り物	キャラクター	ゲーム
運動	安心	一人時間
勉強	コンピューター(PC、スマホ、タブレット等)	お出かけ

第1章　プレ思春期の心と体

ワーク 1　変化してきた自分の体を知ろう

ワークのポイント　自分の体が、年々変化・成長していることに気づき、だれもが、大切な存在であることに気づけるようにします。

最初に話してみよう

- お誕生日はいつかな？
- 赤ちゃんのとき、どれくらいの大きさだった？
- 小さいころは、どんな遊びをしたかな？

進め方

①空欄に記入し、変化・成長を具体的に感じることができるようにします。成長のしかたには個人差があり、一人ひとりちがってよいことを伝えます。

②手のひらの大きさや服のサイズなど、変化・成長したところをたくさん見つけられるようにします。体重が増えたことを気にする子どももいますが、骨や筋肉が発育すれば体重も増えることを伝えます。

③友だちとのちがいを認め合うことができるように配慮し、「自分らしさ」の大切さを伝えます。

生活にいかそう

・赤ちゃんのころの写真を見てみましょう。
・家の人に、小さかったころの話を聞いてみましょう。
・どんな大人になりたいかな？

ワークシート

月　　日(　)

1 変化してきた自分の体を知ろう

名まえ

あなたの体は、小さいころから少しずつお兄さん、お姉さんになる準備をしています。小さいころと比べて、今のあなたの体はどれだけ成長したか、どんなところが変化してきたかを考えてみましょう。

①身長や足の大きさ、視力などを書いて、1年生だったころと比べましょう。

1年生　　　　　　　　　　　　　今・(　　　)年生

身長（背の高さ）

_____ cm

→

_____ cm

(　　　)cm
のびた

足（くつ）の大きさ

_____ cm

→

_____ cm

(　　　)cm
大きくなった

視力

右 _____ 左 _____

→

右 _____ 左 _____

めがねを
☐ かけている
☐ かけていない

②ほかに体のどんなところが変化し、どれだけ成長しましたか？
　先生や友だちと話し合って、下に書きましょう。

③自分に当てはまるものをチェックし、友だちと比べましょう。

☐ 体がかたい　　　　☐ 体がやわらかい　　☐ むし歯がない
☐ 走るのが速い　　　☐ 力が強い　　　　　☐ 体がじょうぶ
☐ 手先が器用　　　　☐ かぜをひきやすい　☐ よく食べる
☐ しせいがよい　　　☐ 元気がある　　　　☐ 体を動かすことが好き
☐ その他（　　　　　　　　　　　　　　　　　　　　　　　　）

15

第1章　プレ思春期の心と体

ワーク **2**

思春期って何？

ワークのポイント　思春期の心と体の変化について知り、自分の心と体の変化を前向きに受け止めることができるようにします。

最初に話してみよう

- 「思春期」って、漢字で書けるかな？
- 「思春期」という言葉を聞いたことがある？
- 「思春期」とは、何歳ごろのことだと思う？

進め方

① 思春期の説明をいっしょに確認し、指導者自身の思春期のころの体験も話すなどして、理解が深まるようにします。

② 変化をうまくとらえられない子どもがいたら、身長の伸びの記録などを見ながら、自分の体の変化を実感できるようにします。また、心や体の変化にとまどいを感じ、積極的に話したがらない子どももいるため、チェック内容は友だちと共有するのではなく、自分でチェックして確認できるようにします。

③ 自分が気になっていることを友だちと共有したいという子どもの場合は、発表や話し合いにつなげてもよいでしょう。深刻な悩みや人に言いにくいことが書かれている場合には、個別に話を聞くなどして、子どもが一人で悩まないようにします。

生活にいかそう

- 周りの大人に、思春期のころの話をしてもらいましょう。
- 話を聞いてヒントになったことを、自分にもいかしてみましょう。

ワークシート

月　　日(　)

2 思春期って何？

名まえ

心と体が大人になるための大事な準備をする時期を「思春期」といいます。今、あなた自身が感じている心や体の変化を考えながら、思春期について正しく理解してみましょう。

① 思春期について知りましょう。

- 大人への準備が始まる
  ⇒心と体が変化して成長する。

- 親との関係が変わる
  ⇒自分で考えて決めたい、行動したいという気持ちがはっきりする。

- 友情が深まる
  ⇒家族と過ごす時間と同じくらい、友だちと過ごす時間が楽しくなる。

② 今、あなたが「自分の変化」について感じていることをチェックしましょう。
- ☐ 身長がのびたり、体つきが変わったりしてきた。
- ☐ 異性のことが気になり始めた。
- ☐ 「自分だったらこうしたい」と思うことが増えてきた。
- ☐ 家の人の言うことを、すなおに聞けないことが増えてきた。
- ☐ 家族より友だちと過ごす時間のほうが楽しいと感じるようになってきた。

③ あなたが「思春期」について気になることを書きましょう。

- 体のこと：
- 心のこと：
- その他：

第1章　プレ思春期の心と体

ワーク **3**

生活のリズムと健康について考えよう

ワークのポイント　ふだんの生活リズムを「見える化」し、健康的な生活を送るためのくふうを考えます。

最初に話してみよう

- 今日の朝、ご飯をおいしく食べたかな？
- 朝食はいつも何を食べる？
- 今日の体の調子は？

進め方

①「睡眠」「食事」「運動」が、健康的な生活に関係していることに気づくきっかけとします。
　・自分の起床・就寝時間をふり返り、規則正しい生活を送るためには、何時に起きて何時に寝るとよいのかを伝えます。
　・決まった時間に食事をすることが、体調を整えることにつながることを話します。また、バランスのよい食事や家族と楽しく食卓を囲むことも、すこやかな生活を送るために大切であると伝えます。
　・体を元気に動かすことが、強い体をつくることや規則正しい生活につながることを伝えます。

②時間の使い方についてふり返り、24時間という限られた時間をどのように使うかは自分しだいだということを、子どもが気づけるようにします。

生活にいかそう

・バランスのよい食事を考えてみましょう。
・体によいことをたくさんやってみましょう。（例：ラジオ体操・ウォーキング・ストレッチ　など）

18

ワークシート

月　　日（　）

3　生活のリズムと健康について考えよう

名まえ

規則正しい生活は、強い体をつくります。あなたの生活のリズムを見直しながら、健康的な生活について考えてみましょう。

①質問の答えを書いて、自分の生活をふり返りましょう。

●すいみん

今日は、朝何時何分に起きましたか？
（　　時　　分　）

一人で起きましたか？
（　はい　・　いいえ　）

昨夜は、何時何分にねましたか？
（　　時　　分　）

夜中に目が覚めることがありますか？
（　はい　・　いいえ　）

あなたのすいみん時間は、何時間ですか？（　　　時間　）

●食事

昨夜は何時ごろに、食事をとりましたか？
（　　時ごろ）

おいしく食べられましたか？
（　はい　・　いいえ　）

●運動

毎日している運動はありますか？
（　はい　・　いいえ　）

どんな運動が好きですか？
（　　　　　　　　　）

②毎日それぞれどれくらいの時間を使っているかを記入し、友だちと比べましょう。

勉強（　　　）　スマートフォン（　　　）　お手伝い（　　　）

テレビ（　　　）　ゲーム（　　　）　友だちと遊ぶ（　　　）

19

第1章　プレ思春期の心と体

ワーク 4 体のサインに気づこう

ワークのポイント　体調を知らせる「サイン」を知り、具合が悪くなったときは周囲の大人に言葉や行動で伝えられるようにします。

最初に話してみよう

- あなたの平熱は？
- 風邪をひいたらどうなる？
- 風邪をひいたらどうしたらいい？

進め方

① 絵を見て体のサインが読み取れない子どもがいたら、「手でおなかを押さえているね。」「〇〇さんは、頭が痛いときどんな感じ？」などと声をかけます。また、四つの例のほかに体調不良のときの体の症状にはどのようなものがあるかを考えたり、「頭が痛い」という状態でも、人によって痛みの感じ方がちがうことなどを話し合ったりできるようにします。

② 体のサインに気づいたら、一人で我慢するのではなく、早めに大人に相談することが大切であることを伝えます。家庭の状況によって対処のしかたも変わってくることに配慮し、子どもたちの体験や考えを共有しながら、さまざまな対処法があることを理解できるようにします。また、「授業中」や「休み時間」など、より細かな場面についても話し合えるようにします。

生活にいかそう

・病院には、いろいろな科があります。あなたはどんな症状のときに、どの病院に行ったことがありますか？（例：小児科・眼科・耳鼻科・歯科　その他）

ワークシート

月　　日(　)

4 体のサインに気づこう

名まえ

「体の調子」のことを「体調」といいます。自分の体調が「少し変」「いつもとちがう」というサインに気づいて、早めに対応するためにどうしたらよいかを考えてみましょう。

①絵を見て、どういう状態なのか、どうしたらよいかを考えて書きましょう。

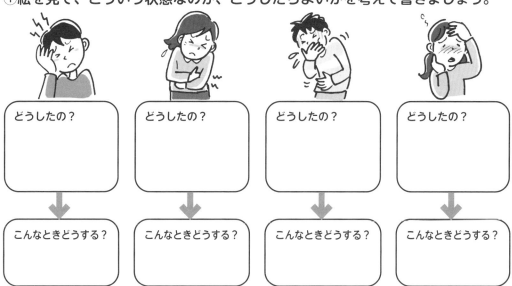

| どうしたの？ | どうしたの？ | どうしたの？ | どうしたの？ |

↓　↓　↓　↓

| こんなときどうする？ | こんなときどうする？ | こんなときどうする？ | こんなときどうする？ |

②次のようなとき、どうしたらよいかを書いて、友だちと話し合いましょう。
● 耳のおくが痛い。朝から少し痛かったけれど、もうがまんができない。

どうする？（家にいるとき）　　　どうする？（学校にいるとき）

● ゆうべは、おく歯が痛くてねむれなかった。ほっぺがだんだんはれてきた。
　今日、家族は仕事で家にいなくて……。

どうする？（家にいるとき）　　　どうする？（外に一人でいるとき）

21

第1章 プレ思春期の心と体

ワーク5 体の成長について話そう（男子）

ワークのポイント　思春期を迎える男子が、自身の体の成長を前向きにとらえ、異性にも配慮できるようにします。

最初に話してみよう

- あなたの身長は？
- あなたの靴のサイズは？
- あなたのクラスは男女仲よしかな？

進め方

①体の変化について、特に異性のことに関しては、記述することを恥ずかしく思う子どももいます。男女それぞれの体の変化は、恥ずかしがることではなく、りっぱな成長の姿であることを、指導者が堂々と伝えるようにしましょう。

②たとえば、女子の体をじろじろ見ない、触らない、体の変化について言及したりからかったりしない、人前で露出の多い服装は控えるといったマナーの大切さを伝えます。

③体の変化について話し合う際には、「声が低くなる」「急に背が高くなる」など、子どもが話しやすい内容から話題にするとよいでしょう。無理に全員で話す必要はありません。変化は自分だけに起こっているのではなく、みんなにも同じような変化が起こっていると感じられるようにします。また、体つきの変化の起こる時期や変化のしかたは、一人ひとりちがいがあることを伝えます。

生活にいかそう

・小さいころと変わったと思うところはどんなところ？

・理想のファッションやあこがれの人について話してみましょう。

ワークシート

月　　日（　）

5 体の成長について話そう（男子）

名まえ

思春期の体の変化は、男子と女子とでは異なります。それぞれのちがいを理解し、自分の体にどんな変化が起こるのかを知っておきましょう。

①男子と女子とでは、体の成長でどのようなちがいが出てきたでしょうか。考えて書きましょう。

男子の成長

女子の成長

②ふだんの学校生活で、女子に対して、気をつかっていることを書きましょう。

③男子にはどのような変化が起こるでしょうか。例を参考に話し合いましょう。

体
・がっしりとした体つきになる。
・声が低くなる。
・ひげが生える。
・わきなどに毛が生える。

心
・自分で考え、自分で決めて行動したくなる。
・女の子のことや、自分が他人からどう思われているのかが気になる。

体の成長・変化について、気になることを男子どうしや先生と話し合いましょう。

第1章　プレ思春期の心と体

ワーク 6

体の成長について話そう（女子）

ワークのポイント　思春期を迎える女子が、自身の体の成長を前向きにとらえ、異性にも配慮できるようにします。

最初に話してみよう

- あなたの身長は？
- あなたの靴のサイズは？
- あなたのクラスは男女仲よしかな？

進め方

①体の変化について、特に異性のことに関しては、記述することを恥ずかしく思う子どももいます。男女それぞれの体の変化は、恥ずかしがることではなく、りっぱな成長の姿であることを、指導者が堂々と伝えるようにしましょう。

②たとえば、男子の体をじろじろ見ない、触らない、体の変化について言及したりからかったりしない、人前で露出の多い服装は控えるといったマナーの大切さを伝えます。

③体の変化について話し合う際には、「丸みのある体つきになる」など、子どもが話しやすい内容から話題にするとよいでしょう。その際、体の変化は個人差があることもしっかり伝えます。また、生理のときの気持ちや下着のことなどを話題にし、変化は自分だけに起こっているのではなく、みんなにも同じような変化が起こっていることを感じられるようにします。

生活にいかそう

・小さいころと変わったと思うところはどんなところ？

・理想のファッションは？　真似したい人はいますか？

ワークシート

月　　日(　)

6 体の成長について話そう（女子）

名まえ

思春期の体の変化は、女子と男子とでは異なります。それぞれのちがいを理解し、自分の体にどんな変化が起こるのかを知っておきましょう。

①女子と男子とでは、体の成長でどのようなちがいが出てきたでしょうか。考えて書きましょう。

| 女子の成長 | | 男子の成長 |

②ふだんの学校生活で、男子に対して、気をつかっていることを書きましょう。

③女子にはどのような変化が起こるでしょうか。例を参考に話し合いましょう。

体
・丸みのある体つきになる。
・胸がふくらんでくる。
・わきなどに毛が生える。
・月経（生理）が始まる。

心
・自分で考え、自分で決めて行動したくなる。
・男の子のことや、自分が他人からどう思われているのかが気になる。

体の成長・変化について、気になることを女子どうしや先生と話し合いましょう。

第1章 プレ思春期の心と体

ワーク7 思春期の体を守る

ワークのポイント ふだんの服装について考え、自分の体を自分で守れるようにします。

最初に話してみよう

- 今日着る服は自分で選んだ？
- お気に入りの洋服はどんな服？
- 服を選ぶときに気をつけていることは？

進め方

① 気温は、地域差や感じ方の個人差があることを考慮します。また、なぜ下着が見えたりすけたりすることに注意が必要なのか、なぜ肌着を身につける必要があるのか、思春期の体の変化にからめて説明します。

② だれと、どこで、何をするかで服装の選び方はさまざまであることを知り、どんな服装を選んだらよいかを知る機会にします。

③ 下着姿の写真などを人に渡したらどうなると思うか、異性の先輩と二人きりで遊ぶことでどんな問題が起こる可能性があるか、イメージできるようにします。プライベートゾーンを守ることは自分の心を守ることにもつながることを説明します。

生活にいかそう

・自分が好きな服装はどんなものか、考えてみましょう。

・ふだんのアイテムを見直して、明日の服装を自分で選んでみましょう。

ワークシート

月　　日(　)

7　思春期の体を守る

名まえ

思春期は、体つきも大人に近づいてくる時期です。外出するときは、今の自分に合った服装を心がけましょう。また、自分の体を守るために、どんなことに気をつけたらよいのかを考えてみましょう。

①服装などで注意したいことをチェックしましょう。

- □気温に合わせた服装ができている。
- □服のサイズが自分に合っている。
- □下着が見えたりすけたりしないように気をつけている。
- □Tシャツ1枚ではなく、はだ着を身につけている。

②行き先によって服装が変わります。どんな服装で行くか考えて書きましょう。

・家族みんなで久しぶりに会う親せきと食事に行く。⇒ (　　　　　　　　　)

・ショッピングモールに友だちと買い物に行く。⇒ (　　　　　　　　　)

③次のようなことがあったら、どうするか考えて書きましょう。

| 好きな人から「下着姿が見たいから写真をとって送って」と言われた。 | 習いごとの帰り、年上の先ぱいたちといっしょに帰っていたら、そのうちの一人から「二人きりで遊ぼうよ」と言われた。いつもよりきょりも近い気がする。 |

プライベートゾーンとは？

体はどこも大切ですが、その中でも「口・胸・パンツでかくれるところ」を「プライベートゾーン」といいます。ほかの人が、かってに見たりさわったりしてはいけないところです（けがや病気を治すとき以外）。

「プライベートゾーン」を、ほかの人がかってに見たりさわったりしてはいけないのはなぜか、友だちと話し合いましょう。

27

ワーク 8

第1章 プレ思春期の心と体

いろいろな気持ちに気づこう

ワークのポイント　自分の中のいろいろな気持ち（感情）を「言語化」し、コントロールができるようにします。

最初に話してみよう

- 今の気持ちは？
- 最近いちばんうれしかったことは？
- 最近いらいらしたことは？

進め方

① 絵を見て、「うれしい」「楽しい」「悲しい」「腹立たしい」といった気持ちやそのときの表情を理解できるようにします。また、同じ気持ちでも、たとえば「緊張する」「どきどきする」など、さまざまな表現があることを知らせ、ほかにもどんな表現があるか考えてみるように促します。
人がどんな表情をしていて、それがどういう気持ちなのかが読み取れない子どももいます。ふだんから、人にはどんな表情があり、そのときどんな気持ちなのかをていねいに知らせていきましょう。いっしょに鏡を見ながら、うれしい顔、悲しい顔などを練習してみるのもよいでしょう。

② 感情をコントロールする方法を友だちと話し合い、気持ちを切り替えるためにはいろいろな方法があることを理解できるようにします。

生活にいかそう

・元気が出ないときに、周りの人から言ってほしい言葉を考えてみましょう。

ワークシート

月　日（　）

8 いろいろな気持ちに気づこう

名まえ

一人の人の中に、いろいろな気持ち（感情）があります。自分の気持ちに気づいて、人に伝えたりコントロールしたりする方法を知っておきましょう。

①絵を見て、どういう気持ちか、どんなときにその気持ちになるかを考えて書きましょう。

どんな気持ち？	どんな気持ち？	どんな気持ち？	どんな気持ち？

↓　↓　↓　↓

その気持ちになるのは、どんなとき？	その気持ちになるのは、どんなとき？	その気持ちになるのは、どんなとき？	その気持ちになるのは、どんなとき？

②気持ちをコントロールする方法を考えて書きましょう。

気持ちが落ちこんだとき、元気になるには？	いらいらした気分のとき、気持ちを落ち着かせるには？	やる気が出ないとき、がんばってやるには？

29

第1章 プレ思春期の心と体

ワーク 9

気持ちを表す言葉を探そう

ワークのポイント　プラスの感情とマイナスの感情について考え、言葉で表現できるようにします。

最初に話してみよう

- うれしいときにはどんな顔になる？
- 悲しいときにはどんな顔になる？
- 今どんな気持ちか、言葉で言い表してみよう！

進め方

① 「プラスの気持ち」は、うれしい、楽しい、おもしろい、ありがたい、喜ばしい、うきうきする、ルンルンなど、子どもがどんどん自由に表現できるような雰囲気をつくります。意見が出ないようであれば、「こんなとき、どんな気持ちになる？」などと、考えるきっかけをつくるのもよいでしょう。
「マイナスの気持ち」は、悲しい、さびしい、恐ろしい、怖い、苦しい、どんよりする、落ちこむなど、子どもの自由な表現を受け止めます。正しい・正しくないではなく、気持ちを表現しようとすることを大切にします。

② 友だちのつくった文や体験を見聞きすることによって、同じ言葉でも、いろいろなできごとに結びつくことを理解できるような機会にします。

生活にいかそう

- 気持ちを何かにたとえて表現してみましょう。
（例）疲れた〜 → 疲れてこんにゃくみたいになっちゃった〜（ぐにゃぐにゃな気持ち）

ワークシート

月　　日(　)

9 気持ちを表す言葉を探そう

名まえ

気持ちは心の動きで、感情ともいいます。自分の中にはどんな気持ちがあるかを考え、さまざまな表現を知っておきましょう。

①例を見て、いろいろな気持ちを表す言葉を書き、それぞれどんなときの気持ちなのかを友だちと話し合いましょう。

プラスの気持ち	マイナスの気持ち
例 うれしい、楽しい	例 悲しい、さびしい
・	・
・	・
・	・
・	・
・	・

②次の言葉を使って文をつくりましょう。また、その気持ちになった自分の体験を友だちに話しましょう。

すっきりする	うらやましい
＿＿＿＿＿＿＿＿＿＿	＿＿＿＿＿＿＿＿＿＿

ほっとする	いらいらする
＿＿＿＿＿＿＿＿＿＿	＿＿＿＿＿＿＿＿＿＿

わくわくする	くよくよする
＿＿＿＿＿＿＿＿＿＿	＿＿＿＿＿＿＿＿＿＿

第1章 プレ思春期の心と体

ワーク 10 行動と気持ちについて考えよう

ワークのポイント 人の気持ちと行動について考え、自分の感情と行動がつながっていることに気づけるようにします。

最初に話してみよう

気持ちを行動で表してみよう！
①100点をとった！　②疲れた！　③いらいらする！

進め方

①それぞれの行動について、そのもとにどのような気持ちがあるかを自由にイメージできるようにします。例以外にも、「鼻歌をうたっている」「頭をかかえている」など、さまざまな行動について考え、行動と気持ちがつながっていることを、子どもが実感できるようにします。

②「あせっているとき」「自信がないとき」はどんな行動をするかについて友だちと話し合い、共感したり、人によって行動のしかたがちがうことを理解したりします。また、行動のもとになっている気持ちを言葉にすることで、相手に理解してもらいやすくなることを伝えます。感情をコントロールできないときには、ひと呼吸置いてから言葉にするとよいことをアドバイスします。

生活にいかそう

・友だちや家族の行動を観察して、気持ちを読み取ってみましょう。

ワークシート

月　　日（　）

10 行動と気持ちについて考えよう

名まえ

人の行動と、その人の中にある気持ちはつながっています。さまざまな行動に、どのような気持ちがかくれているのかを想像してみましょう。

①それぞれの行動について、どんな気持ちなのか、例も参考にして書きましょう。

えんぴつをかじっている。	すわったり立ったりをくり返している。	ぴょんぴょんとびはねている。

例・たいくつ ・いらいらする ほかには……？ ・ ・ ・	例・落ち着かない ・心配 ほかには……？ ・ ・ ・	・ ・ ・ ・

②次のような気持ちのとき、あなたはどんな行動をするかを考えて書きましょう。また、どのような気持ちがどのような行動につながりやすいか、友だちと話し合いましょう。

●あせっているとき⇒

●自信がないとき⇒

第1章　プレ思春期の心と体

ワーク 11

不安な気持ちについて考えよう

ワークのポイント　不安な感情とのつき合い方について考え、コントロール方法を見つけます。

最初に話してみよう

- 最近気になることや心配なことはある？
- その気持ちはだれかに伝えた？
- 安心できる場所は？

進め方

① 「不安」を単なるマイナスの感情としてとらえるのではなく、だれもが感じる気持ちとして受け止められるようにします。また、不安な気持ちに対して、どのように立ち向かうか、コントロールするかが大事であることを伝えます。不安の強い子の場合、不安になった体験を思い出すことで、そのときの感情が呼び起こされ、再体験をしてしまうことがあるため、無理強いにならないように配慮します。

② アドバイスを考えることが、不安への対処法を考えることにつながります。友だちの意見も聞いて、不安の対処法はいろいろあることに気づき、自分に合った方法を見つけられるようにします。
不安な気持ちになったとき、人に相談することで気持ちが楽になることがあります。自分では思いつかないような対処法を知ることができるといったメリットがあることを伝えます。

生活にいかそう

・不安な気持ちを減らすための方法について、周りの大人にアドバイスをもらいましょう。

ワークシート

月　　日（　）

11 不安な気持ちについて考えよう

名まえ

不安とは、何か気がかりなことがあって、心配で落ち着かない気持ちのことです。
不安な気持ちになったときに、どうしたらよいかを考えてみましょう。

みさきさんの例

「運動会のリレーの選手になったけれど、もしも自分のせいで負けてしまったらどうしよう……。」

①みさきさんの例を見て、不安な気持ちについて考えて書きましょう。
　●あなたは、どんなときに不安な気持ちになりましたか？
（　　　　　　　　　　　　　　　　　　　　　　　　　　　　　）

　●そのとき、どうしましたか？
（　　　　　　　　　　　　　　　　　　　　　　　　　　　　　）

②さやかさんとゆうやさんにアドバイスを書き、友だちとも話し合いましょう。

明日、さやかさんはみんなの前でスピーチします。さやかさんは、うまくできるか不安で、なかなかねむれません。

あなたからのアドバイス

ゆうやさんは、来週の遠足のことが不安です。どこでどんなことをするのか、いろいろ考えてしまって、落ち着きません。

あなたからのアドバイス

心配や不安なことについて、先生や友だちに相談しましょう。

第1章 プレ思春期の心と体

ワーク12 いかりについて考えよう

> **ワークのポイント**　怒りの感情とのつき合い方について考え、コントロール方法を見つけます。

最初に話してみよう

- 最近怒ったことはある？
- その気持ちはだれかに伝えた？
- 落ち着く場所は？

進め方

① 「怒りってどんな気持ちかな？　どんなときに腹が立つかな？」と問いかけ、自分の怒りの気持ちを書くことができるようにします。また、怒りを感じたときにどう対処するか、怒りをどうコントロールするかが大事だということがわかるようにします。

② アドバイスを考えることが、怒りへの対処法を考えることにつながります。友だちの意見も聞いて、怒りの対処法はいろいろあることに気づき、自分に合った方法を見つけられるようにします。
怒りをそのまま人にぶつけると、相手がびっくりしてしまったり、傷ついてしまったりすること、また、自分が我慢して押さえこんでしまうと、ストレスがたまったり、心のバランスが崩れたりすることなどを話し、怒りの感情についての望ましいコントロール方法について考えられるようにします。

生活にいかそう

・怒りをコントロールするための方法について、周りの大人にアドバイスをもらいましょう。

36

ワークシート

12 いかりについて考えよう

月　日（　）

名まえ

いかりとは、何か原因となることがあって、そのことに不満を感じて、おこった気持ちになることです。そんなときに、どうしたらよいかを考えてみましょう。

しろうさんの例

弟におかしをとられた！　これでもう3回目、許せない！

①しろうさんの例を見て、いかりについて考えて書きましょう。
　●あなたは、どんなときにおこった気持ちになりましたか？
　（　　　　　　　　　　　　　　　　　　　　　　　　　　　）

　●そのとき、どうしましたか？
　（　　　　　　　　　　　　　　　　　　　　　　　　　　　）

②たくとさんとゆきさんにアドバイスを書き、友だちと話し合いましょう。

| たくとさんは、大事にしていた本を友だちがよごしてしまったのに、ちっともあやまってくれないので、いらいらしておこっています。 | ゆきさんは、昼休みに友だちのみさきさんといっしょに遊ぶ約束をしたのに、みさきさんが来ないのでおこっています。 |

あなたからのアドバイス

あなたからのアドバイス

いかりを感じたとき、あなたはどうしますか？　周りの人には、どのように伝えますか？　友だちと話し合いましょう。

第1章 プレ思春期の心と体

ワーク13 リラクゼーションで気分をかえよう

ワークのポイント　気持ちを落ち着ける方法を知り、自分に合うリラクゼーションの方法を見つけます。

最初に話してみよう

- あなたの好きなことは何？
- 何をしている時間が好き？
- リラックスできる場所は？

進め方

①リラクゼーションの例に挙がっているストレッチや深呼吸（腹式呼吸で息をはく時間を可能な限り長くするのがポイント）を実際に行い、気持ちが落ち着く状態やリフレッシュする感覚を味わえるようにします。ほかにも、友だちとおしゃべりをする、好きな本を読むなど、いろいろなことがリラクゼーションになることを知らせ、自分に合った方法を子どもが見つけられるようにします。

②・③不安な気持ちや怒りを抱えこむことによって、ますます不安や怒りが大きくなったり、周囲の人から心配されたりするといった悪循環になることを説明し、どこかで気持ちを切り替えることが大切だということが理解できるようにします。
友だちと話し合う中で、いろいろなリラクゼーション方法があることを知り、それらを積極的に実生活に取り入れるよう伝えます。

生活にいかそう

・あなたのリラクゼーションリストをつくってみましょう。
（例：リラックスできる場所・人・時間・行動　その他）

ワークシート

月　　日(　)

13 リラクゼーションで気分をかえよう

名まえ

不安なときやいらいらするとき、心と体の力をぬいたり、好きなことをして気分をかえたりすることを「リラクゼーション」といいます。自分に合うリラクゼーションの方法について考えてみましょう。

①例を見て、リラクゼーションについて知り、自分がリラックスできる方法を友だちと話し合いましょう。

●リラクゼーションの例
ストレッチ　深呼吸　音楽をきく/好きなことをする　運動する

ストレッチと深呼吸をやってみましょう。

ほかに、あなたが気分がよくなる「好きなこと」を探しましょう。

②不安な気持ちを、そのままにしていたらどうなるかを考えて書きましょう。

③いかりの気持ちを、そのままにしていたらどうなるかを考えて書きましょう。

いろいろなリラクゼーションの方法を、友だちと話し合いましょう。

第1章 プレ思春期の心と体

ワーク 14 相談できる人を見つけよう

ワークのポイント　悩んだときや困ったときに一人で悩まず、身近な人に相談できるようにします。

最初に話してみよう

- あなたがいちばん話しやすい人はだれ？
- 勉強がわからないときはどうする？
- 悩みごとがあったらどうする？

進め方

①相談する相手がなかなか思いつかない子どもがいたら、信頼して相談できる相手が見つけられるよう、いっしょに考えます。家族内のトラブルや課題がある子には配慮し、「家族の中で」ということにとらわれずに、安心して話せる人を見つけられるようにします。

②これまでの体験をふり返ることで、今後また必要があるときに勇気をもって相談し、そのときにどのように相談ごとを伝えたらよいかをイメージできるようにします。また、友だちの体験を聞き、「このようなことを相談してもいいんだ。」「こんなふうに伝えるといいんだ。」といった気づきが得られるようにします。

生活にいかそう

・家族や周りの大人に、悩みごとがあったときにだれに相談してどうやって解決したのか、体験談を聞いてみましょう。

ワークシート

月　　日（　　）

名まえ

14 相談できる人を見つけよう

なやみごとや困ったことがあるときは、だれかに相談することが大切です。だれに相談するとよいかを考えておくとよいでしょう。

①相談できそうな相手を記入し、どんなことを相談するかを書きましょう。

(1) 身近な人の中では、だれに？　　●どんなことを相談しますか？

（　　　　　　　　　　）⇒（　　　　　　　　　　）

(2) 学校の中では、だれに？　　●どんなことを相談しますか？

（　　　　　　　　　　）⇒（　　　　　　　　　　）

(3) 友だちの中では、だれに？　　●どんなことを相談しますか？

（　　　　　　　　　　）⇒（　　　　　　　　　　）

(4) (1)～(3)以外の身近な人では、だれに？　　●どんなことを相談しますか？

（　　　　　　　　　　）⇒（　　　　　　　　　　）

②(1)～(4)の人は、これまでにあなたにどんなアドバイスをしてくれましたか？
　そのアドバイスから一つ選んで答え、友だちと話し合いましょう。

どんなアドバイスをもらいましたか？

アドバイスを受けて、あなたはどうしましたか？　相談してよかったと思うことは何ですか？

第1章 プレ思春期の心と体

ワーク 15　おたがいに助け合おう

ワークのポイント　困っている人がいたら助けること、自分が困っていたら助けてもらうこと、どちらも必要なことだと知り、行動できるようにします。

最初に話してみよう

- 電車の中で席を譲ったことや、譲ってもらったことはある？
- 道を聞いたり、聞かれたりしたことはある？
- だれかにしてもらって、うれしかったことは？

進め方

①「人を助ける」というと、とてもりっぱなことだととらえ、自分の経験としてなかなかイメージできない子どももいます。だれかの役に立った、お手伝いをした、ちょっと手を貸したなど、どんなささいなことでもよいので書いてみようと話しましょう。また、災害ボランティアのような大きな助け合いから、落とした物を拾ってあげるような小さなことまで、すべてが助け合いであり、身近なところに助け合いがたくさんあることを知る機会とします。

②助けてもらった経験があっても、そのような意識でそのできごとをとらえていないこともあります。「最近、何か困ったことはあった？」「人にしてもらってうれしかったことはある？」など、人に助けられた経験に結びつくような言葉を投げかけ、考えられるようにします。
人が一人でできることは限られているので、助け合うことが大切だということに気づけるようにします。

生活にいかそう

・家族の手助けになることを探してやってみましょう。

ワークシート

月　　日(　)

15 おたがいに助け合おう

名まえ

人が困っていたら助けること、自分が困っているときに人に助けてもらうことを、助け合いといいます。助け合いの大切さについて考えてみましょう。

①絵を参考にして、あなたが人を助けた経験を思い出して書きましょう。

あなたが人を助けた経験について書きましょう。
・だれに（　　　　　　　　　　　　　　　　　　　　　）
・どんなことをしたか（　　　　　　　　　　　　　　　）
・そのときの気持ち（　　　　　　　　　　　　　　　　）

②絵を参考にして、あなたが人に助けてもらった経験を思い出して書きましょう。

あなたが人に助けてもらった経験について書きましょう。
・だれに（　　　　　　　　　　　　　　　　　　　　　）
・どんなことをしてもらったのか
（　　　　　　　　　　　　　　　　　　　　　　　　　）
・そのときの気持ち（　　　　　　　　　　　　　　　　）

助け合うことの大切さについて、友だちと話し合いましょう。

ワーク16 「ありがとう」の気持ちを伝えよう

第1章 プレ思春期の心と体

ワークのポイント　身近な人にしてもらっていることがたくさんあることを知り、感謝の気持ちを「言語化」して伝えられるようにします。

最初に話してみよう

- 家事をおもにしているのはだれ？
- 勉強を教えてくれるのはだれ？
- 最近、「ありがとう」と言ったことは？

進め方

① 「ありがとう」を言う場面がなかなか思いつかない子どもには、「人にしてもらってうれしかったこと」「人に助けてもらったこと」について尋ね、そのときに「ありがとう」と伝えるとよいと話します。友だちの体験を聞くのもよいでしょう。

② 「ありがとう」と言われた経験が思い浮かばない子どもには、「この間、先生のお手伝いをしてくれたよね。そのときに先生、〇〇さんに『ありがとう』って言ったね。」などと具体例を挙げます。

③ 身近な人に向けて、「〜してくれてありがとう。」といった短いメッセージを書き、友だちどうしで発表し合います。具体的なことに対するお礼でもよいし、日ごろからの感謝を伝えるのでもよいでしょう。

生活にいかそう

・「ありがとう」を伝える手紙を書いて、友だちや家の人に渡しましょう。

ワークシート

月　　日(　)

16 「ありがとう」の気持ちを伝えよう

名まえ

ちょっとしたことでも「ありがとう」の気持ちを伝えると、言ったほうも言われたほうも気持ちがよくなります。どんなときにどのように伝えたらよいか、考えてみましょう。

①絵を参考にして、あなたはどんなときに「ありがとう」と言うか、できるだけたくさん書きましょう。

-
-
-
-

②あなたが人から「ありがとう」と言われた経験について、できるだけたくさん書きましょう。

-
-
-
-

③次の例を参考にして、身近な人に「ありがとう」を伝えましょう。

例　先生へ いつもわたしのことを応えんしてくれて、ありがとうございます。	家族（　　　　　）へ	友だち（　　　　　）へ

第1章　プレ思春期の心と体

ワーク 17

人を好きになる気持ちについて考えよう

ワークのポイント
人を好きになる特別な気持ちについて考え、その気持ちとのつき合い方や相手の気持ちも大事にするにはどうしたらよいかを考えます。

最初に話してみよう

- あなたが特別だと思う人は？
- いっしょにいると安心する人は？
- これからもっと仲よくなりたい人は？

進め方

①まんがやドラマの話なども例に挙げながら、人を好きになったことがないという子どもにも、人を好きになる気持ちを想像してみるよう働きかけます。好きという感情を、「いやらしい」「いけないこと」などととらえている子どももいますが、自然な感情であることを伝えます。

②例をとおして、自分の気持ちを押しつけるのではなく、互いの気持ちを尊重することが大事だということを伝えます。
気の合う友だちどうし、本音で話せるような場にします。だれかが不快な気持ちにならないために配慮するよう伝え、楽しく語り合いながら進めるようにします。話題に対して消極的なグループがあったら、指導者も参加して話題をふるなど、支援します。

生活にいかそう

・アニメのキャラクターや芸能人で仲よくなりたいと思う人について話してみましょう。

・周りの大人に、好きな人ができたときの話を聞いてみましょう。

ワークシート

月　　日（　）

17 人を好きになる気持ちについて考えよう

名まえ

だれかを好きになることは、その人に特別な気持ちをもつことで、とてもすてきなことです。自分の気持ちも相手の気持ちも大事にするにはどうしたらよいか、考えてみましょう。

人を好きになる気持ちとは？

- いっしょにいるとうれしい。⇒ いっしょにいたい。
- 相手のことを知りたい。⇔ 自分のことも知ってほしい。
- 相手のことを考えるとどきどきする。

①もし、あなたに好きな人ができたら、どんな気持ちになると思いますか？考えて書きましょう。

②さとしさんとあかりさんの例を見て、それぞれどうしたらよいかを考えて書きましょう。

さとしさんとあかりさんの例

さとしさん　　あかりさん

あかりちゃんのことが大好きだよ！

ごめんね。ほかに好きな人がいるの。

●さとしさんは、どうしたらよいと思いますか？

●あかりさんは、どうしたらよいと思いますか？

もし、好きな人ができたらどうしますか？　気の合う友だちと少人数で話し合いましょう。

47

第1章 プレ思春期の心と体

ワーク 18 変化してきた自分の心を知ろう

ワークのポイント 小さいころに比べて、できるようになったこと、がんばれるようになったことについて考え、自身の成長に気づけるようにします。

最初に話してみよう

- 小さいころに好きだったテレビ番組は？
- 苦手だったけれど食べられるようになった食べ物は？
- 最近できるようになったことは？

進め方

① 1年生だったころの写真や作文などを持参して、今と比べられるようにすると、具体的な成長が見えやすくなります。

② 友だちと発表し合い、いろいろな心の成長があることを実感できるようにします。

③ 宿題にすると、家の人とじっくり成長をふり返り、改めて成長を喜び合える時間がもてます。また、家庭だけでなく、近所の人などお世話になっている第三者にも話を聞くと、新たな一面が見えることがあります。

生活にいかそう

・今、苦手だけどがんばっていることはありますか？

・5年前の自分に「できるようになったこと」を教えてあげましょう。

ワークシート

月　　日(　)

18 変化してきた自分の心を知ろう

名まえ

心は目には見えませんが、体と同じように心も成長しています。あなたの心はどんなふうに成長しているか、考えてみましょう。

① けんたさんの例を見て、あなたの心の成長について書きましょう。

けんたさんの例

- 1年生のころ…いやなことがあると、よく学校で泣いて、みんなに心配をかけていました。
- 今…6年生になった今では、いやなことがあっても、がまんしたり人に相談したりできるようになりました。1年生が泣いていたら、相談にのってあげることもできます。

あなたは？

- 小さいころ…

- 今…

② ほかにも、あなたの心の成長を探して書きましょう。

| 1年生のころはわからなかったのに、今はよくわかるようになったこと。 | 1年生のころはこわかったのに、今は平気になったこと。 |

③ 先生や家の人に「あなたの心の成長」や「どんなところが変わったか」について質問し、書きましょう。

49

第1章 プレ思春期の心と体

ワーク19 自分はどんな人？

ワークのポイント　自分の個性について考えて「言語化」し、自分のよいところをたくさん見つけられるようにします。

最初に話してみよう

- 自分のチャームポイントは？
- 家の人からはどんな性格だと言われる？
- 自分を動物にたとえると？

進め方

① AとBのどちらがよい悪いということではなく、どちらにもそれぞれのよさがあることを伝えます。「1・2・3」という数字のどこに丸をつけたらよいか迷う子どもがいたら、「どちらかの3に丸をつけよう（積極的か、ひかえめかを選ぶ）」というように、作業をシンプルに行えるようにします。

② なかなか自分のよいところを見つけられない子どもがいる場合は、指導者や友だちから意見を聞くようにします。また、短所ばかりを挙げる子どもがいたら、よくないと思っているところ（短所）も、見方を変えれば長所になる（例：落ち着きがない→好奇心旺盛でフットワークが軽い）ことを伝えます。

生活にいかそう

・あなたのよいところをつなげて、自己PR文をつくってみましょう。

ワークシート

月　　日（　）

19 自分はどんな人？

名まえ

人の特ちょうや性質のことを「個性」といいます。みんなそれぞれに個性があって、自分と同じ人はいません。自分はどんな人なのか、長所はどんなところなのか、考えてみましょう。

①あなたの性格は、AとBのどちらのタイプですか？　当てはまる数字を○で囲みましょう。

A ←　　　どちらともいえない　　　→ B
　　　とても　　　　　　　　とても

	A とても			0			とても	B
積極的	3	2	1	0	1	2	3	ひかえめ
だいたん	3	2	1	0	1	2	3	しん重
目立ちたい	3	2	1	0	1	2	3	引っこみ思案
おおざっぱ	3	2	1	0	1	2	3	ていねい
ねばり強い	3	2	1	0	1	2	3	あきらめが早い
周りを気にしない	3	2	1	0	1	2	3	周りを気にする

・Aが多い人は……
積極的で自信がある人。
周りの人のことを考えることも忘れないようにしましょう。

・Bが多い人は……
ひかえめでおとなしく、しん重な人。
いろいろなことにチャレンジしてみましょう。

②自分のよいところ（長所）をたくさん見つけて書きましょう。

第1章　プレ思春期の心と体

ワーク 20

自分の中にいる「キャラクター」は？

ワークのポイント　自分の心の中にある気持ちをキャラクターにたとえて「見える化」「言語化」し、じょうずなつき合い方を考えます。

最初に話してみよう

- 好きなキャラクターは？
- そのキャラクターは、どんな見た目？
- そのキャラクターの性格は？

進め方

① まずは自分の性格を理解します。長所や短所はもちろん、得意なことや苦手なことなど、自分の性格を表現できるようにします。なかなか言葉にできない子どもには、指導者から伝えたり、選択肢を出したりして、イメージしやすいようにします。

② ①から一つ選び、キャラクターにたとえます。正解はないので、楽しみながら自分の性格をとらえられるようにします。

③ 周りの人とお互いのキャラクターを見せ合い、それぞれの対処法が自分にいかせないかなど、話し合えるとよいでしょう。

生活にいかそう

- 長所と短所、どちらのキャラクターも考えてみましょう。
- あなたの中のキャラクターが出てきたら、周りの人にどうしてほしいか伝えてみましょう。

ワークシート

月　　日（　）

20 自分の中にいる「キャラクター」は？

名まえ

あなたの中にいらいらしたり、ぼんやりしていたりすると出てくるキャラクターはいませんか？　自分の中にどんなキャラクターがいるのか、どう向き合ったらよいか考えてみましょう。

①あなたの性格をいろいろな言葉で表現してみましょう。

ぼくの中には、考える前に行動してしまう「ヤンチャ―」がいるよ！

②そうたさんの例を見て、自分の中のキャラクターを考えて書きましょう。

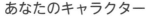

そうたさんの例

名まえ：　ゲキオコくん

特ちょう:思いどおりにいかないと出てくる。

対しょ：　落ち着くようにゆっくり息をすったりはいたりするといなくなる。

あなたのキャラクター

名まえ

特ちょう:

対しょ:

完成したら、みんなのキャラクターを見せ合ってみましょう。

第1章 プレ思春期の心と体

ワーク 21 「心の部屋」を のぞいてみよう

ワークのポイント　自分の心の中の大切なものを「見える化」し、そのことについて話せるようにします。

最初に話してみよう

- 今いちばん興味があるものは？
- どんなことをしている時間が好き？
- 大切にしているものは？

進め方

①ゆうたさんの例から、ゆうたさんがどんな男の子なのかを想像することで、いろいろなものや人、趣味などが「その人らしさ」につながることを実感できるようにします。
自分の心の部屋に何を書いたらよいかわからない子どもがいたら、選択肢の例を挙げたり、友だちの例を聞いたりして楽しく考えられるようにします。友だちと心の部屋を見せ合うときは、否定的な発言はせず、それぞれが大切にしているものを認め合えるよう支援します。

生活にいかそう

- シートに書いた「心の部屋」を周りの人に見せて、説明してみましょう。
- 周りの人の「心の部屋」について、説明を聞いてみましょう。

ワークシート

月　　日（　）

21 「心の部屋」をのぞいてみよう

名まえ

もし、あなたの心の中が九つの部屋に分かれているとしたら、それぞれの部屋には何が入っているでしょうか？　考えて、友だちと見せ合ってみましょう。

①ゆうたさんの例を見て、あなたの「心の部屋」に大切なものを書き入れましょう。

ゆうたさんの例

ぼくは今、サッカーに夢中です。お父さんとつりも始めました。まんがも大好きです。

ゆうたさんの心の部屋

サッカー		おやつ
	ゲーム	ペット 犬のタロウ
家族	学校・勉強	

絵でかいても
ОК！

あなたの心の部屋

あなたの「心の部屋」について説明しましょう。

_____

_____

_____

_____

_____

_____

第1章　プレ思春期の心と体

ワーク 22　自分の個性を考えよう

ワークのポイント　長所や短所をさまざまな形で「見える化」「言語化」しながら自己理解を深め、言葉で表現できるようにします。

最初に話してみよう

- 「個性」って何だと思う？
- 自分の得意なことは？
- 周りからほめられることは？

進め方

①しほさんの例から、しほさんがどんな女の子なのかを想像してみます。人には長所と短所のどちらもあって、その人の個性がつくられることを理解できるようにします。
自分の個性について一人で考えるのが難しい場合は、指導者や友だちから長所を挙げてもらったり、個性を表す言葉の例から自分に合うものを選ぶように伝えたり、絵や色で表す提案をしたりするなど、具体的にイメージしやすくなるように支援をします。
また、短所は「〜できない」という表現ではなく、「〜できるようになりたい」と言いかえるようにします。この活動によって、「自分らしさ」を見つめ直せるようにします。

生活にいかそう

・シートに書いた「あなたの個性」を周りの人に見せて、説明してみましょう。
・周りの人の「あなたの個性」について、説明を聞いてみましょう。

ワークシート

月　　日（　）

22 自分の個性を考えよう

名まえ

あなたの個性を表す言葉には、どんなものがあるでしょうか。長所や短所を挙げながら、あなたの個性や、あなたらしさについて考えてみましょう。

① しほさんの例を見て、あなたの個性を表す言葉を書き入れましょう。

しほさんの例

わたしはやさしい性格で、友だちからはおもしろいといわれます。何事も前向きに考えるタイプです。一方で、せっかちな部分もあり、あまり考えずに行動してしまうこともあります。めんどうくさがりやで、しなくてはいけないことを、つい後回しにしてしまうこともあります。

しほさんの個性: せっかち／おもしろい／めんどうくさがりや／やさしい／前向き

あなたの個性

色をぬってもOK！

あなたの個性について説明しましょう。

〈例〉明るい・すなお・努力家・心配性・負けずぎらい・のんびり・せっかち・さびしがりや・おこりっぽい・やさしい・積極的・消極的・自信家・おおらか・不安になりやすい・前向き・冷静・自由・責任感が強い・楽天的・マイペース・しっかり者・おもしろい・理想が高い・めんどうくさがりや・気が強い・気が弱い・がんばりや　など

第1章 プレ思春期の心と体

ワーク 23 「強い心」「弱い心」について考えよう

ワークのポイント　だれにでも「強い心」や「弱い心」があることを知り、それらとどうつき合うかを考えます。

最初に話してみよう

- あなたの今の気分は？
- 「強い」「弱い」という言葉からイメージすることをたくさん話そう！
- 「強い心」をもつキャラクターといえば？

進め方

①二つの例について考え、友だちと話し合うことをとおして、たとえ「正しいこと」であっても、葛藤することがあるということに気づけるようにします。「弱い心に負けてしまうこと＝悪いこと・恥ずかしいこと」と感じる子どももいますが、それはだれもが直面することで特別ではないということ、それも自分の一面であることを伝えます。
それぞれの体験を「よい・悪い」という受け止め方で聞くのではなく、葛藤に共感したり、「がんばったね。」と、そのプロセスをたたえたりする姿勢で聞けるようにします。

生活にいかそう

・「弱い心」に負けそうになったとき、周りの大人がどうしているか聞いてみましょう。

・「弱い心」に負けそうなときのお助けアイテムを考えてみましょう。
（例：チョコレートを食べる・音楽をきく　など）

ワークシート

月　　日（　）

23 「強い心」「弱い心」について考えよう

名まえ

心とは目には見えない、人の内面のことで、だれもが「強い心」や「弱い心」をもっています。弱い心に負けそうになったらどうするか、強い心でがんばるにはどうしたらよいかを考えてみましょう。

①次の例1と例2について、どうしたらよいかを考えて書きましょう。

弱い心の例1

明日までの宿題は算数ドリル2ページで、しかも苦手な分数の計算……。もうすぐ夜の8時。そろそろやらないと間に合わないけれど、見たいテレビ番組も始まっちゃう。そのとき心の声が……。

やらなくても平気だよ。やってこない人だっているんじゃないの？

・こんなときあなたは？　　（□にチェックしましょう。）
　□ 弱い心に負ける　　　□ 弱い心に勝つ！
・その理由は？

弱い心の例2

同じクラスのはるなさんがともみさんに話しかけると、ともみさんは知らんぷり。近くにいたさやかさんまで、はるなさんをさけているみたい。はるなさん、仲間外れにされているのかな？　わたしはどうしたらいいだろう。
そのとき心の声が……。

知らんぷりしておけば？きみまで仲間外れになっちゃうかもよ。

・こんなときあなたは？　　（□にチェックしましょう。）
　□ 弱い心に負ける　　　□ 弱い心に勝つ！
・その理由は？

「弱い心」に負けそうになったことや、「強い心」でがんばった体験を、友だちと話し合いましょう。

第1章 プレ思春期の心と体

ワーク 24

苦手なことにチャレンジしよう

ワークのポイント 苦手なことがあっても、少しずつ取り組むことで変わる可能性があることに気づき、具体的な計画を考えてチャレンジにつなげます。

最初に話してみよう

- あなたの得意な教科は？
- あなたの苦手な教科は？
- 最近チャレンジしたことは？

進め方

①とおるさんのチャレンジ計画を見て、どんな変化があったか、また、どうしてそのような変化につながったのかを考えられるようにします。急にできるようにならなくても、少しずつできるようにしていくことや、そのために無理のない計画を立てることが大切だと伝えます。
なかなか見通しをもてない子どもや、どう計画を立てたらよいのかわからない子どもがいたら、まず、「今苦手なこと」と「これからそれをどうしたいか」についていっしょに考えます。そして、苦手を克服して変化していくためにどのようなことが必要か、どんな小さなことでもよいので、「変わる」イメージがもてるように支援します。

生活にいかそう

・これからチャレンジしたいことを、たくさん挙げてみましょう。
・あなたの得意なことを、もっと得意にする計画を立ててみましょう。

ワークシート

月　　日（　　）

24 苦手なことにチャレンジしよう

名まえ

今はうまくいかないことも、やり方をくふうしたり人に教えてもらったりしながら、「できる」に近づけていくことができます。自分に合う方法を考えたり、苦手なことにチャレンジする計画を立てたりしてみましょう。

①とおるさんのチャレンジ計画を見て、あなたのチャレンジ計画を立てましょう。

とおるさん

1年生のころは人前で発表するのが苦手でした。でも4年生になって、1年生に本の読み聞かせをするようになり、みんなの前で話すことが楽しくなりました。6年生までに、自分から手を挙げて大きな声で話せるようになりたいです。

（今：4年生）
1年生に本の読み聞かせをするようになって、みんなの前で話すことが楽しくなった。

（これから：6年生）
自分から手を挙げて大きな声で話せるようになりたい。

（以前：1年生）
みんなの前で話すことが苦手だった。

少しずつできるようにしていく。

あなたのチャレンジ計画

これから（　　年生）

今（　　年生）

以前（　　年生）

時間をかけて、無理のない計画を立てよう。

61

第1章 プレ思春期の心と体

ワーク 25

周りの人から見た自分について考えよう

ワークのポイント
「自分から見た自分」と「周りの人から見た自分」とを比べ、さまざまな角度から自己理解を深めます。

最初に話してみよう

- 先生はどんな性格だと思う？
- 自分の性格をひとことで表すと？
- 周りの人から見た自分ってどんな人だと思う？

進め方

① たかしさんの例を見て、「みんながわかってくれている点」や「自分では意識していなくても、周りの人がよく見ている点」などがあることに気づけるようにします。

② 自分はどのような人かということ以外にも、「○○が好き」といったことでもよいので、自分について楽しく考えられるようにします。

③ 周りの人とシートを交換し、周りの人から見た自分について書いてもらいます。周りの人について書く際には、相手が傷つくようなことは書かず、相手が気づいていないかもしれない、よいところを探すように伝えます。
「自分から見た自分」と「周りの人から見た自分」とを比べて、気づいたことを話し合います。両者の差が大きい場合には、「自分のことをもっと伝えていくにはどうしたらよいか」を、周りの人といっしょに考えます。

生活にいかそう

・まだ周りの人に知られていないと思う、自分の性格はありますか？

・周りの人に言われて新しく発見した、自分の性格は？

ワークシート

月　　日（　）

25 周りの人から見た自分について考えよう

名まえ

「自分から見た自分」と「周りの人から見た自分」は、どうちがうかを考えてみましょう。

①たかしさんの例を見て、「自分から見た自分」と「周りの人から見た自分」を比べましょう。

たかしさんの例

自分から見た自分は…
1：おもしろい
2：歴史にくわしい
3：楽しいことが好き
4：思ったことをはっきり言う

周りの人から見た、たかしさんは…
1：やさしい
2：そうじをきちんとする
3：歴史にくわしい
4：いつもみんなを笑わせてくれる

②あなたから見た自分について書きましょう。

1：（ほく・わたしは）
2：（ほく・わたしは）
3：（ほく・わたしは）
4：（ほく・わたしは）

③周りの人から見たあなたについて、書いてもらいましょう。

1：（　　　さんは）
2：（　　　さんは）
（書いてくれた人：　　　　）

1：（　　　さんは）
2：（　　　さんは）
（書いてくれた人：　　　　）

「自分から見た自分」と「周りの人から見た自分」は同じでしたか？ ちがっていましたか？「自分や周りの人が気づいていない自分」がいるかもしれません。友だちと話し合って、理解を深めましょう。

63

第1章　プレ思春期の心と体

ワーク 26 「自分の説明書」をつくろう

ワークのポイント　自分のことをよく知ってもらうための「自分の説明書」を作成し、わかってほしいことを文字や言葉で伝えられるようにします。

最初に話してみよう

- 見たことのある説明書は？
- 説明書にはどんなことが書いてある？
- 自分をわかりやすく説明したら？

進め方

①一人で考えるのが難しい項目があったら、指導者や家族に話を聞いたり、「長所・短所」については、友だちや指導者の意見を聞いたりするなど、さまざまな視点を取り入れられるようにします。
「自分がこんなときは、周りの人にこうしてほしい」については、友だちと話し合って意見を出し合うようにしてもよいでしょう。「自分の説明書」が完成したら友だちと交換して、互いの感想を伝え合う時間を設けてもよいでしょう。名まえの欄を隠して、それがだれの説明書なのかを当てっこするなど、楽しみながら進めましょう。

生活にいかそう

- 友だちや家の人と、書き終えた自分の説明書について話してみましょう。
- 自分のことでわかってほしいことを、友だちや先生に伝えてみましょう。

ワークシート

月　　日（　）

26 「自分の説明書」をつくろう

名まえ

自分のことをよく見つめ直してみましょう。そして、友だちや先生にあなたのことを理解してもらえるように、「自分の説明書」をつくってみましょう。

①あなたのことを「自分の説明書」に書きましょう。

「自分の説明書」　　　　　　　　　作成：　　年　　月　　日

似顔絵	名まえ 生年月日 （　　　）年（　　　）月（　　　）日 血液型（　　　）型	生まれた所（都道府県）
好きな芸能人やスポーツ選手		好きなテレビ番組
好きなこと・得意なこと・最近興味のあること		苦手なこと
長所（よいところ）		短所（直したいところ）

将来の夢

自分がこんなときは、周りの人にこうしてほしい
・元気がなさそうに見えるときは……

・一人でいるときは……

友だちにわかってほしいこと	先生にわかってほしいこと

65

第1章　プレ思春期の心と体

ワーク 27 将来の自分について考えよう

ワークのポイント　これからの進路について考え、将来をイメージします。そこから、今できること、チャレンジしたいことも考えます。

最初に話してみよう

- 小さいころ、将来の夢は何だった？
- 中学校や高校を見学したことはある？
- 今がんばっていることは？

進め方

① 小学校から社会人になるまでに、さまざまな進路や選択肢があることを知り、大人になることへのイメージが深まるようにします。

② 興味がある仕事やしてみたい仕事を考えて記入します。特にやりたいことがイメージできないという子どもには、今興味があることや趣味、得意なことを聞き、それらがどんな仕事につながる可能性があるかをいっしょに考えてあげましょう。さまざまな職業について紹介している子ども向けの本を用意して見せてあげたり、インターネットで調べたりして、世の中にどのような仕事があるのかを知ることもよいでしょう。「なりたい大人」や「あこがれの人」は、その人について知っていることや調べたことから、これからどんな勉強が必要か、今からできることは何か記入します。

生活にいかそう

・次に進む（進みたい）学校について調べてみましょう。

・次に進む（進みたい）学校でがんばりたいことは何ですか？

ワークシート

月　　日（　　）

名まえ

27 将来の自分について考えよう

将来どのような大人になりたいか、どんな仕事をしてみたいかを考え、そのために どんな勉強が必要かをイメージします。将来の夢やあこがれの大人に近づくためにどんなことができるかを考えてみましょう。

①進路について知りましょう。

社会人
（働く）

大学？
専門学校？
就職？

小学校　中学校　高校

さまざまな選択肢があります。興味があるものを調べてみましょう！

②自分の将来について考えて書きましょう。

●将来してみたい仕事や、「なりたい大人」「あこがれの人」を書きましょう。

●「なりたい大人」になるには、どんな勉強が必要かを考えて書きましょう。

●今からできることを考え、目標を立ててみましょう。

67

第1章 プレ思春期の心と体

ワーク 28 思春期のメンタルケア①

ワークのポイント
今の自分のメンタルが安定しているかをチェックします。他人と比べるのではなく、自分が今できていることやがんばっていることに目を向けます。

最初に話してみよう

- メンタルケアって聞いたことある？
- 今日のあなたの体調は？
- ほかの人をうらやましいと思うときはどんなとき？

進め方

①日常生活の中で何気なくやっていることも「できている」ことであることを伝え、「自分はできていることがたくさんある」と感じられるようにします。

②自分のメンタルチェックをします。もしチェックがついた項目があったら、家族や指導者に気軽に相談するとよいことを伝えます（人数によっては、その場で時間をとってもよい）。

③生活面や学習面で、できていることを具体的に挙げるように伝えます。できていることがないと感じている場合には、今がんばっていることを考えてみるように話します。また、大人から見て、その子のできていることやがんばっていることをたくさん伝えてあげましょう。

生活にいかそう

- 今がんばっていることを話してみましょう。
- いつもの自分ではなくなるときはどんなとき？（例：体調が悪いとき・発表会の前・テスト前 など）

ワークシート

月　　日(　　)

名まえ

28 思春期のメンタルケア①

思春期がくると、ほかの人からどう見られるか、人と比べて自分がどうかが気になるものです。今の自分に目を向け、自分のできていることを確かめましょう。

①いつもの自分について書きましょう。

・だいたい（　　）時にねて、（　　）時に起きる。	・好きなこと
・朝ご飯は、(いつも食べる・あまり食べない)。	
・朝は、(自分で起きる・起こしてもらう)。	
・学校は、(だいたい毎日行く・ときどき休む)。	
・宿題はいつやる？　（　　　　　　　　　）	

②今の自分の気持ちをチェックしましょう。

☐ 「いつもできていること」「あたりまえにやること」がつらい。

☐ 気分や調子の上下がはげしい。

☐ 小さなことが気になりすぎてしまう。

└→一つでもチェックがついたら、家族や先生に相談してみましょう。

③自分の「できていること」を書きましょう。

●生活の中で、できていることを書きましょう。

●勉強で、できていることを書きましょう。

●しゅみや運動で、できていることを書きましょう。

69

第1章 プレ思春期の心と体

ワーク 29 **思春期のメンタルケア②**

ワークのポイント
短所も見方を変えれば長所になることを知ります。もやもやした気持ちを自分で抱えこまず、もやもやを外に出す方法を考え、実践できるようにします。

最初に話してみよう

- あなたの長所は？
- あなたの短所は？
- 最近いらいら・もやもやすることは？

進め方

①例を見て、自分が気になっているところ（短所）を、見方を変えて長所ととらえられるようにします。難しい場合は、周りの人に相談して、いっしょに考えてもらうのもよいでしょう。

②不安や悩みなどの「もやもや」がたまると、心や体の調子をくずしてしまうことがあると伝えます。家の人や先生など身近な人に相談したりノートに書き出したりして、「もやもや」を外に出す方法を見つけられるようにします。

生活にいかそう

・家の人や先生が気にしているところを聞いて、長所に変えてみましょう。

・考えた方法を実践して、もやもやを外に出しましょう。

ワークシート

月　　日（　）

29 思春期のメンタルケア②

名まえ

できないことが気になったり、うまくできないことがあって落ちこんだりすることは、だれにでもあります。そんなもやもやをなくす方法を考えてみましょう。

①りんさんとしゅうさんの例を見て、自分が気になっているところでも、ほかのだれかにとってはちがって見えることがあることを知りましょう。

りんさんの例

わたし、相手の話を聞かずに、しゃべりすぎちゃうの。特に好きなものの話はいくらでも話せちゃう。

りんさんは、どうどうと話すことができてすごいな〜。

しゅうさんの例

ぼくはとつぜん質問されると、頭の中がまっ白になって話せないんだ。話を聞いているだけならいいのに…。

しゅうさんは、聞きじょうずなんだ！　いいな〜。

●自分が気になっているところを、見方をかえて書きましょう。

☐ ➡ ☐

②例を見て、もやもやを外に出す方法を知りましょう。

ぼくはお母さんに聞いてもらうとすっきりするよ。

わたしはノートに文章で書くことで外に出せるよ。

ぼくは紙に絵をかいて表現するよ。

●自分に合う、もやもやを外に出す方法を考えましょう。

☐

COLUMN

こんなときは……

「ししゅんき？」
そんなはずかしいことは、
だれにも話したくないよ！
（よくわからないけれど、なんだかはずかしい気持ち）

先生　そう、「思春期」って人それぞれだし、言葉で言い表しにくいよね。でも、だれもが必ず経験する「心と体の変化」だから、はずかしいことではないんだよ。先生だって、お父さんやお母さんだって、みんな「思春期」をとおって大人になったんだよ。むりに話さなくてもいいから、ゆっくり一つずついっしょに考えてみようね。

自分の「気持ち」なんて見たことが
ないから、よくわからない。
「言葉」にするなんて、むり！
（目には見えない感情を表現することのわかりにくさ）

先生　「うれしい」「楽しい」「悲しい」「いらいらする」など、人の心の中にはいろいろな気持ちが入っているよ。目に見えるものではないけれど、気持ちと体はつながっているから、声や表情、体の動きに知らず知らずのうちに表れるよ。まず、心の中にどんな気持ちがあるのか、いっしょにのぞいて考えてみよう！

第2章
プレ思春期の社会生活

生活の中でできることを増やしましょう！

目標（がんばりたいこと） 宿題を忘れずにやる！

月	火	水	木	金	土	日
(16:00)〜 ・宿題 ・ ・ ・	16:00〜16:30 宿題	15:30〜16:00 宿題	16:00〜16:30 宿題	16:00〜16:30 宿題	13:00〜14:00 復習 国語	13:00〜14:00 予習 算数

家に帰って、すぐ宿題をやろうという気持ちはあるよ！

第2章　プレ思春期の社会生活

ワーク **30**

表情や態度から気持ちを想像しよう

ワークのポイント　相手の表情や態度から気持ちを想像し、コミュニケーションにいかすことができるようにします。

最初に話してみよう

- 笑った顔って、どんな顔？
- 怒った顔って、どんな顔？
- 悲しい顔ってどんな顔？

進め方

①イラストのような表情や態度を友だちと実際にやってみて、確認し合うのもよいでしょう。相手の表情や態度からどのようなことを感じるかは、人によってちがってもよいことも伝えます。また、イラスト以外の感情を表す表情や態度にはどのようなものがあるか、話し合ってみます。

②例のように、「別にいいよ。」と言っていても、表情や態度から本当は、「時間を守ってほしい」と思っているかもしれないということに気づけるようにします。自分が本当に伝えたいことと裏腹なことを言った経験があれば、なぜそう言ったのか、そのときの心境を友だちと話し合ってみてもよいでしょう。

生活にいかそう

- あなたが自分の気持ちをわかってほしいと思うのは、どんなときですか？
- 本当の気持ちをかくしたいときって、どんなときですか？

ワークシート

月　　日(　)

 30 表情や態度から気持ちを想像しよう　名まえ

人の表情や態度は、その人がどんな気持ちでいるのかを知るヒントになります。
相手の気持ちを想像する練習をしてみましょう。

①次の絵の表情や態度から、気持ちを想像して書きましょう。

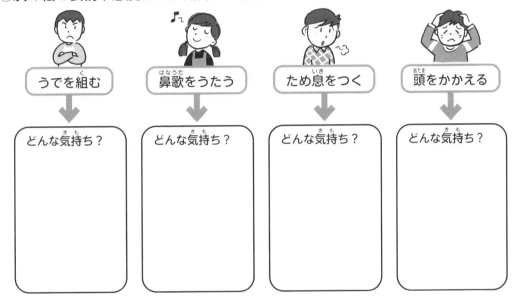

| うでを組む | 鼻歌をうたう | ため息をつく | 頭をかかえる |

どんな気持ち？　どんな気持ち？　どんな気持ち？　どんな気持ち？

②例を読んで、ひろきさんの「本当の気持ち」を考えて書きましょう。

例
はじめさんは時間を守ることが苦手。昨日の朝も今朝も、待ち合わせをしているひろきさんを15分も待たせてしまいました。「ごめんね。」と言うと、ひろきさんは「別にいいよ。」と答えました。「おこってないなら、別にいいのかな。」と、はじめさんは思いました。

なぜ、ひろきさんは「別にいいよ。」と言ったのか、考えてみましょう。

別にいいよ。

ひろきさん

ひろきさんの本当の気持ちを考えて書きましょう。

第2章 プレ思春期の社会生活

ワーク 31 表情や言い方をくふうしよう

ワークのポイント　思ったことをそのまま話すのではなく、相手の気持ちを想像し、表情や伝え方をくふうして伝えられるようにします。

最初に話してみよう

- 今日、友だちとどんなことを話した？
- あなたの口ぐせは？
- 友だちと話しているときに気をつけていることは？

進め方

① 言った本人には悪気がなくても、言い方によって相手がいやな気持ちになることがあるということを、さまざまな例を挙げて伝えます。相手を傷つけない言い方かどうかを確かめるには、自分がそのように言われたらどう感じるかを想像してみるとよいことを話します。また、言われるとうれしくなる言葉を「ぽかぽか言葉」、いやな気持ちになる言葉を「トゲトゲ言葉」などとし、それぞれの言葉を子どもたちで出し合って、リストをつくってみるのもよいでしょう。

② 表情や言い方によって「言葉」はどう伝わるかを考えてみます。また、「いいよ。」と言いながらも困った表情や怒った表情をしていると、相手にどのように伝わるかなどの例を挙げ、言葉そのものと、それを伝える表情や言い方が食いちがうとき、言葉そのものよりも、表情や言い方のほうが相手に伝わる印象が強いことを確認します。

生活にいかそう

- 友だちをほめる言葉をたくさん書いてみましょう。
- 友だちにされたことがいやだったとき、どのようなことに気をつけて伝えたらよいと思いますか？

ワークシート

月　　日(　)

31 表情や言い方をくふうしよう

名まえ

思ったことをそのまま話すのではなく、相手がどう感じるかを考えて話せるようにしましょう。

① 自分が言われたらうれしいこと・いやなことを考え、友だちに言ってあげたいこと・言わないようにしたいことを書きましょう。

友だちに言われたらうれしいこと 例 ○○さんといると楽しい！	友だちに言われたらいやな気持ちになること 例 ○○さんは、やらなくていいよ。
友だちに言ってあげたいこと	友だちに言わないようにしたいこと

② 「おこった言い方」「やさしい言い方」をすると、相手がどう感じるかを考えて書きましょう。

おこった言い方
- 強い言い方　・早口
- 大きな声　・けわしい表情

やさしい言い方
- おだやか　・ゆっくり
- 静かな声　・ほほえんだ表情

おこった言い方で「ありがとう。」と言ってみましょう。 ⇒相手はどう感じたかな？	やさしい言い方で「おこっているよ。」と言ってみましょう。 ⇒相手はどう感じたかな？

第2章 プレ思春期の社会生活

ワーク32 人とのちょうどよい きょりを知ろう

ワークのポイント 人とかかわるときのちょうどよい距離を知り、生活の中で意識できるようにします。

最初に話してみよう

- 1mってどのくらい？
- あなたの家の近くにあるものは？
- 家族と話すときの距離は？

進め方

① 人とかかわるときの「ちょうどよい距離」は、家族・友だち・知らない人など、相手によって距離がちがってくることを伝えます。

② 実際に、友だちと話すときにどれくらい距離があると安心できるかをいろいろ試し、友だちといっしょに測ってみるようにします。その際、「前ならえした距離」など、子どもがイメージしやすい表現で説明するとよいでしょう。

③ イラストを見て、どこがよくないのか、相手はどんな気持ちでいるのかなどを、話し合います。友だちどうしであっても、安心できる距離感は一人ひとりちがい、相手の気持ちを尊重してかかわることが大切だということを伝えます。

生活にいかそう

・友だちがどのくらいの距離にいたら、あいさつをしますか？

・友だちと話していたら、ちょっと距離が近い気がします。あなたならどうしますか？

ワークシート

月　　日（　）

32 人とのちょうどよいきょりを知ろう

名まえ

いくら仲よしの人とでも、体を近づけすぎると相手にいやな気持ちをあたえることがあります。人と人とのちょうどよいきょり（近さ）は、どのくらいなのかを知っておきましょう。

①絵を見て、人とのちょうどよいきょりについて知りましょう。

おたがいが気持ちよくかかわれる近さ

家族⇒近いきょりでも気にならない。

友だち⇒ちょうどよいきょりが必要。

知らない人⇒近づきすぎない。

②友だちと話をするときにちょうどよいきょりは、何cmくらいでしょうか？友だちと話し合って、調べましょう。

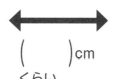
（　　　）cm くらい

人によって感じ方がちがいます。友だちと比べてみましょう。

③悪気はなくても、相手が「いやだな」と感じることがあります。下の絵を見て何がよくないのかを、友だちと話し合いましょう。

第2章　プレ思春期の社会生活

ワーク 33

友だちと折り合いをつけよう

ワークのポイント　友だちと意見が合わないときに、お互いの意見のよいところに注目して折り合いをつける方法を考え、実践できるようにします。

最初に話してみよう

- 友だちと遊ぶなら何がしたい？
- 好きな動物が同じ人を探してみよう。
- 最近友だちとどんな話し合いをした？

進め方

①例を見て、「みきさんが一歩譲った結果、二人の意見を取り入れた形で折り合いがついた」ということを確認し、時には「譲る」ことも大切であるということに子どもたちが気づけるようにします。

②お互いに意見を譲ることができなかったらどうなるか話し合ってみます。自分の意見を優先させようとして折り合いがつかなかったエピソードがあったら、それをふり返ることで、そのときどうしたらよかったかを改めて考えたり、友だちの意見を聞いたりする機会にします。

③二つの例について考え、自分の意見を発表し合います。友だちの意見を聞いて、いろいろな折り合いのつけ方があることを知ることができるようにします。

生活にいかそう

- 友だちと意見がちがうことのメリットは何ですか？
- テーマを決めて、友だちや家の人と話し合い、折り合いをつけましょう。
  （例：朝ご飯はパン？　ご飯？・ゲームと宿題はどちらが先？　など）

ワークシート

月　　日（　）

33 友だちと折り合いをつけよう

名まえ

自分と友だちの意見が合わないときに、話し合って折り合いをつける（意見をゆずり合う）ことが必要になることもあります。みきさんとゆみさんの例を見て、どのようにしたらよいか考えてみましょう。

みきさん

わたしはバドミントンがしたい！

ゆみさん

わたしは一輪車に乗りたい！

じゃあ、今日は一輪車に乗ることにして、明日はバドミントンをするというのはどう？

うん、ありがとう。じゃあ、そうしよう。明日はバドミントンをしようね。

折り合いがついた！

①先に意見をゆずったのはどちらですか？　（　みきさん　・　ゆみさん　）

②もし二人とも自分の意見を言い続けていたらどうなるかを考えて書きましょう。

③次のようなとき、どのように折り合いをつけたらよいかを考えて書きましょう。

授業中、わたしは暑いので「窓を開けてほしい。」と言ったら、窓ぎわのこうたさんは「寒いから開けないで。」と言った。

明日は授業参観日。わたしは見られるのは好きではないので、家の人には来てほしくないと思っている。

友だちや家の人と意見がちがったときの経験について、友だちと話し合いましょう。

第2章 プレ思春期の社会生活

ワーク
34 友だちと外出しよう

> **ワークのポイント**
> 友だちと外出するときに、事前に決めておくとよいことや持ち物について考え、外出を安全に楽しめるようにします。

最初に話してみよう

- 最近、どこに出かけた？
- そこには、だれと行った？
- おすすめのお出かけスポットは？

進め方

① 友だちどうしで外出するときは、事前に自分たちで決めておかなくてはならないことがいろいろあることを伝えます。そのときに自分の都合だけを主張しすぎず、お互いに調整し合うことが大切だと気づけるようにします。また、アクシデントがあったとき、どう対応したらよいか考えられるようにします。友だちと外出するときに「○○さえ持っていればだいじょうぶ。」ということではなく、さまざまなケースを想定して「これがあると便利だった。」「余計なものを持って行かないことも、トラブルを防ぐためには必要だ。」などとエピソードも伝えながら話し合います。

② 映画を見に行くときにいくらお金を用意したらよいかを考えたり、仲のよい友だちであっても、「お金の貸し借りをしない。」といった基本ルールを伝えたりします。

生活にいかそう

・友だちや家の人と外出するための計画を立ててみましょう。

・「電車賃が足りないから帰れない。どうしよう……。」と、友だちが困っています。あなたなら、どうしますか？

ワークシート

月　日(　)

34 友だちと外出しよう

名まえ

友だちと出かけるとき、どんな準備をしたらよいのかを考えてみましょう。

① 友だちと出かけるために、どんなことが必要か考えて書きましょう。

出かける前に友だちと決めておくべきことは？
- ＿＿＿＿＿＿＿＿＿
- ＿＿＿＿＿＿＿＿＿
- ＿＿＿＿＿＿＿＿＿
- ＿＿＿＿＿＿＿＿＿
- ＿＿＿＿＿＿＿＿＿

当日、体調が悪くなって出かけられそうになかったら、どうしますか？

友だちから「30分くらいおくれる」と連らくがきたら、どうしますか？

● 友だちと出かけるときに、持って行ったほうがよいものに〇をつけましょう。

▲ハンカチ　▲ゲーム機　▲さいふ　▲筆箱　▲すいとう　▲かさ

そのほか、持って行ったほうがよいものを考えて書きましょう。

② お金について考えましょう。
- ● 友だちと映画を見に行くことになりました。映画のチケット代は1000円です。あなたはさいふにいくら入れて出かけますか。

　　　　円くらい

- ● 友だちに「アイス食べたいけど、お金がないの！ お金を貸して～。」と言われたらどうしますか。

第2章　プレ思春期の社会生活

ワーク **35**　友だちとのちがいを考えよう

> **ワークのポイント**　人にはみんなそれぞれちがう得意・苦手やよいところがあることを知り、お互いを大切にできるようにします。

最初に話してみよう

- 好きな食べ物は何？
- それは、周りの人と同じ？　ちがう？
- 友だちや家族のよいところを紹介しよう！

進め方

①当てはまる友だちがなかなか思いつかない場合は、「○○さんは、とってもサッカーがじょうずだね。」「休み時間によく本を読んでいるのはだれかな？」などと言葉をかけ、人はだれもが同じではなく、それぞれに個性があるということに気づけるようにします。

②人はだれでも得意なことや苦手なことがあることを伝えます。自分の得意なことがわからないという子どもには、大人から見たその子どもの得意なことを伝えてあげましょう。自分の個性についてよく考え、他人とちがうことはけっして恥ずかしいことでないことを理解できるようにします。

③自分の個性をよく知ってもらうために、好きなことや得意なことなど、自分の個性について書き出し、「自分らしさ」をだれかに伝えられるようにします。また、友だちが書いたものと交換して、「こんなことが書いてある！」などという発見をしながら、個性のちがいを話し合えるとよいでしょう。

生活にいかそう

・ワークシートに書いた自分の紹介文を、周りの人に話してみましょう。
・友だちや家族の得意なことや好きなことを、インタビューしてみましょう。

ワークシート

月　日（　）

35 友だちとのちがいを考えよう

名まえ

人にはそれぞれ個性があり、いろいろな人がいます。「一人ひとりの個性を認め合う」ということについて考えてみましょう。

①こんな友だちはいますか？　当てはまる絵に○をつけましょう。

勉強が好きな友だち

運動が好きな友だち

本が好きな友だち

歌がじょうずな友だち

話をするのが好きな友だち

話を聞くのがじょうずな友だち

いつも元気で明るい友だち

やさしい友だち

②自分のことを考えて書きましょう。

(1) 得意なことは

(2) 好きなことは

(3) 苦手なことは

(4) 性格は

③自分の個性がほかの人に伝わるように、しょうかい文を書きましょう。

第2章 プレ思春期の社会生活

ワーク **36** いじめについて考えよう

ワークのポイント
「いじめ」について考え、困ったときやいつもとちがうと感じたときには、身近な人に相談できるようにします。

最初に話してみよう

- 友だちといっしょにいる時間は楽しい？
- 友だちにされたことで、いやだと感じたことは？
- いじめについてのニュースを見たことはある？

進め方

① 「からかわれたり悪口を言われたりした」「仲間外れにされた」「無視された」「たたかれた」「持ち物をとられたり壊されたりした」「SNSで悪口を書かれた」など、いじめかなと感じた場合は、すぐに先生や家の人に話してみるように伝えます。

② 「無視」という行為は相手を傷つけてしまう行為であるため、やってはいけないことだと伝えます。そして、自分がどう思うか、どうしたいかを伝えることが大切だと気づけるようにします。その場で断ることができない、どうしたらよいかわからないなどのことがあれば、先生や家の人に相談するとよいことを説明します。

③ 相談する相手は必ずしも先生や家の人だけではなく、友だちやスクールカウンセラーでもよいので、だれかに話すことが大切であることを伝えます。また、相談することで、自分では気づかなかった視点が得られること、話を聞いてもらえるだけで心が落ち着いたり、味方がいるという安心感を得られたりすることなど、相談することのよい点に気づけるようにします。

生活にいかそう

- いじめをなくすにはどうしたらよいか、考えたり話し合ったりしてみましょう。

ワークシート

月　日（　）

36 いじめについて考えよう

名まえ

いじめとは、相手の心や体を傷つける行動のことです。された人が「傷ついた」と感じたら、それは「いじめ」です。「いじめ」に気がついたらどうしたらよいのかを考えてみましょう。

① 自分が「いじめ」を受けているのではと感じたら、あなたはどうしますか。考えて書きましょう。

② 友だちのAさんから「Bさんのこといやだから、あなたも無視してね。」と言われたら、あなたはどうしますか。考えて書きましょう。

・どうする？

・その理由

無視されて一人でいる友だちには、どうしてあげたらよいですか。

③ いじめなどで不安やなやみがあるとき、学校ではだれに相談しますか。考えて〇をつけましょう。

保健室（養護）の先生 　　担任の先生 　　仲のよい友だち

身近な人に相談しにくい場合などは、ほかにも相談できるところがあります。
・24時間子供SOSダイヤル……0120-0-78310
・子どもの人権110番……0120-007-110
・チャイルドライン……0120-99-7777

第2章 プレ思春期の社会生活

ワーク37 「生活スキル」をチェックしよう

ワークのポイント　家庭生活の中で、一人でできることがどのくらいあるかをチェックし、自分でできることを見つけます。

 最初に話してみよう

- あなたが家でしているお手伝いは？
- 一人でつくれるようになりたい料理は？
- 朝早く起きるためのコツは？

進め方

①表をチェックすることで、ふだんあまり意識せずにだれかにやってもらっていたことの中にも、自分でできることがあることに気づけるようにします。これらの項目すべてが一人でできなくてはならないということではなく、「できている」「できていない」には個人差があることにも配慮しましょう。

②お金の管理については正解があるものではなく、家の人の考え方もあるので、これを機会に家の人と話してみるように投げかけてみてもよいでしょう。これからチャレンジしたいことについては、家の人にも意見を聞いてみるように投げかけましょう。また、友だちがチャレンジしたいと思っていることも聞き、生活に関することに意欲的に取り組もうという気持ちを引き出します。

 ### 生活にいかそう

- お手伝い計画を立てましょう。
- 自分の持ち物や部屋の整理整頓計画を立てましょう。

ワークシート

月　　日（　）

37 「生活スキル」をチェックしよう

名まえ

生活に関することを自分で行う力を「生活スキル」といいます。あなたの生活スキルをチェックして、一人でできることを増やせるようにしましょう。

① 「生活スキル表」で、自分ができることをチェックしましょう。

生活編	どちらかに○をつけましょう
(1)朝、一人で起きることができる。	できている ・ できていない
(2)朝、一人で身じたくができる。	できている ・ できていない
(3)行く場所・その日に行うことに合わせて、着る服を自分で選ぶことができる。	できている ・ できていない
(4)自分で自分のものの整理整とんや、管理ができる。	できている ・ できていない
(5)テレビやゲームの時間を決めて、守っている。	できている ・ できていない
家事編	どちらかに○をつけましょう
(1)食器をきれいに洗うことができる。	できている ・ できていない
(2)一人でつくることができる料理がある。	できている ・ できていない
(3)洗たく物を干すことができる。	できている ・ できていない
(4)部屋のそうじができる。	できている ・ できていない
(5)おふろのそうじができる。	できている ・ できていない

自分はどんなことができているか、友だちと話し合ってみましょう。

② 「生活スキル」について、次の問いに答えましょう。

おこづかいなど、自分のお金の管理はどうしていますか？	上の表の「家事編」(1)〜(5)のほかに一人でできる家事はありますか？	生活の中でこれからチャレンジしたいことを考えて、書きましょう。

89

第2章 プレ思春期の社会生活

ワーク 38　一人でできるかな？

ワークのポイント　大人になる前に一人でできるようになっておきたいことについてチェックし、自立に向けた計画を立てます。

最初に話してみよう

- 今日、朝一人で起きた？
- あなたが着る洋服はだれが選んでいる？
- 一人で出かけることはある？

進め方

① 「留守番の際の約束」や「一人での外出について」など、家庭によって方針や約束事がちがうことに注意します。また、ほかにどんなことができているか、一人でできることにはどんなことがあるかなど、問いかけてみましょう。

「できる＝一人でやっているからよい」「できない＝一人でやっていないから悪い」ではなく、「自分にも、一人でやれることがもっとあるかもしれない」という気づきにつなげていきます。

② いきなり「一人ですべてできるようにする」必要はなく、たとえば「美容師（理容師）さんに自分で髪型の希望を伝えるところだけチャレンジしてみる」というように、達成可能な小さな目標を設定するとよいことを伝えます。

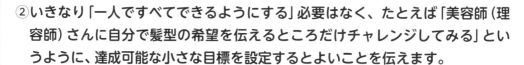

生活にいかそう

- 立てた計画を実践してふり返ってみましょう。
- 「これは手伝ってくれたほうがうれしい」「だれかといっしょにやりたい」と思うことはありますか？

ワークシート

月　　日（　）

38 一人でできるかな？

名まえ

生活の中で一人でできることがどのくらいあるか確かめて、自分でできることを増やせるようにしましょう。

① 次の(1)〜(6)について、（　）内の当てはまるほうに○をつけ、問いに答えましょう。

●家の中のこと

(1) 約束を守って、留守番をする。
→ （できる・できない）

留守番について、家の人とどんな約束をしていますか？

(2) 洗たく物をたたむ。
→ （できる・できない）

洗たく物をたたむときの注意点は？

(3) ごみを分別して、出す。
→ （できる・できない）

ごみを出すときの注意点は？

●家の外のこと

(4) 買い物に行く。
→ （できる・できない）

いつも行くお店の名まえは？

(5) 病院に行く。
→ （家の人と・一人で）

どこの病院へ、どのような方法で行きますか？

(6) 美容院・理はつ店にかみを切りに行く。
→ （家の人と・一人で）

どんなふうに伝えて切ってもらいますか？

② 「一人でできるようになりたいこと」を二つ決め、「いつまでに」「どんな方法で」できるようになりたいか、計画を立ててみましょう。

〔　　　　　　　　　〕

いつまでに？

どんな方法で？

〔　　　　　　　　　〕

いつまでに？

どんな方法で？

91

第2章 プレ思春期の社会生活

ワーク **39** 時間を大切に使おう

> **ワークのポイント**
> 1日の時間の使い方を「見える化」「言語化」してふり返り、目には見えない時間を大切に使えるようにします。

最初に話してみよう

- 1日は何時間？
- 起きている時間は何時間？
- 自由時間は何時間ほしい？

進め方

① ふだんどんなことにどのくらい時間を使っているかを考え、それぞれの時間が24時間の中でどれくらいの割合を占めているかを書き出したり、もっと自由な時間を増やすためにどんなくふうができるかを考えたりするなど、ふだんあまり意識しない「1日の時間の使い方」をイメージできる機会にします。

② 正解があるものではなく、人によって時間の使い方や、何を大事に思うかという感覚がちがうことを感じられるようにします。また、「自分のために使う時間・人のために使う時間」とはそれぞれ具体的にどのような時間なのかを考え、意見を出し合ってみます。

③ 「理想的な時間の使い方」ができたらよい理由や、なかなかできない理由も考えます。すぐに実践できなくても、時間を大切に使おうとする意識が大事だと伝えます。

生活にいかそう

・学校が終わってから夕飯までの時間に何をするか、計画を立ててみましょう。

・あなたにとって大切な時間は、何をしている時間ですか？

ワークシート

月　　　日（　　）

39 時間を大切に使おう

名まえ

1日は24時間です。時間の使い方を見直して、限られた時間を大切に使えるようにしましょう。

①あなたがそれぞれにどのくらい時間を使っているかを書き、問いに答えましょう。

すいみん時間	時間	家庭学習の時間	時間
食事時間	分	おふろに入る時間	分
学校にいる時間	時間	自由時間	時間

「もっと時間がほしい」と感じるのはどんなときですか？

「もっと時間を短くしたい（したほうがよい）」と感じるのは、どんな時間ですか？

②次のそれぞれの時間について、どちらが長いか比べてみましょう。

※「短い ＜ 長い」「長い ＞ 短い」などの不等号を（　　）に入れて、どちらが長いかを表します。

1日のうちで……

・起きている時間　（　　　　）　ねている時間

・学校にいる時間　（　　　　）　家にいる時間

・勉強をする時間　（　　　　）　ゲームをする時間

・本を読む時間　（　　　　）　テレビを見る時間

・自分のために使う時間（　　　　）　人のために使う時間

③あなたの理想的な時間の使い方を考え、表に書いてみましょう。

6時	7時	8時	9時	10時	11時	12時	1時	2時	3時	4時	5時	6時	7時	8時	9時	10時	11時

朝

夜

93

第2章　プレ思春期の社会生活

ワーク 40　優先順位を考えよう

ワークのポイント　生活の中で「優先すべきこと」について考え、自分で判断して行動できるようにします。

最初に話してみよう

- 「優先席」ってどんな席？
- 宿題とゲーム、どちらを先にやる？
- やりたいことをたくさん言ってみよう！

進め方

① 優先順位を考えて順位を記入する際は、周りの大人から言われたことではなく、まずは自分の判断でやってみるようにうながします。そのうえで友だちと意見交換し、いろいろな価値観や判断のしかたがあることを知るようにします。

② 優先順位の決め方について話し合う中で、たとえば「宿題の優先順位が低いと、宿題ができないまま学校に行くことになってしまう可能性がある。」といったことに気づき、「やりたいこと」からではなく、「やらなくてはならないこと」から優先していくことがポイントであると理解できるようにします。

生活にいかそう

- 何をしてもよい自由な時間が3時間あったら、何をしますか？　順位の高い3つを選びましょう。
- あなたが勉強にいちばん集中できるベストタイミングは、いつですか？

ワークシート

月　　日（　）

40 優先順位を考えよう

名まえ

「優先順位」とは、何を先にしたらよいかの順番のことです。大切なことがあと回しにならないように、やることの優先順位を考えてみましょう。

①勉強の優先順位を考えて、◯の中に数字を書きましょう。

◯ 教科学習の予習・復習

◯ 塾の宿題

◯ 学校の宿題

◯ 自分が興味をもっていることの学習

◯ テストの勉強

◯ その他

②生活の優先順位を考えて、◯の中に数字を書きましょう。

●朝起きてから登校するまで

◯ 洗顔・歯みがき

◯ テレビ

◯ 朝食

◯ 家の人との会話

◯ 着がえ

◯ その他

●学校から帰ってからねるまで

◯ 勉強・宿題

◯ テレビ・ゲーム

◯ 夕食

◯ 家の人との会話

◯ おふろに入る

◯ その他

> 優先順位を決めるときにどのようなことに気をつけたらよいか、友だちと話し合いましょう。

95

第2章　プレ思春期の社会生活

ワーク **41** 学習計画を立てよう

ワークのポイント　家庭での学習をふり返り、目標を「見える化」しながら1週間の学習計画を立てます。

最初に話してみよう

- 好きな教科は？
- 苦手な教科は？
- 昨日は何時間、勉強した？

進め方

① 自分が家でどのくらい学習しているのかを確認します。また、友だちとも話し合い、みんながどれくらい家で勉強しているのかを知り、自分の学習時間／状況を見直す機会にします。

② しほさんの例を見て、自分と比べてどうかを考えたり、友だちと意見交換をしたりします。塾に行っていない子どももいることに配慮します。目標の記入では、宿題はいつするか、自分ががんばりたいことにはいつどのように取り組むかなど、時間配分を意識しながら考えられるようにします。まずは自分の目標を立てること、ただ計画を立てるだけでなく、1週間たってから計画どおりにできたかどうかをふり返ることが大切であることを伝えます。

生活にいかそう

- 自分で立てた目標が達成できたかどうか、1週間後にふり返りをしましょう。
- あなたが一回に集中して勉強できる時間はどのくらいですか？　もう少し長く勉強できるようにする方法を考えましょう。

ワークシート

月　　日（　）

41 学習計画を立てよう

名まえ

勉強は、学校だけでするものではありません。家での学習について、自分で計画を立ててみましょう。

①家での学習時間と内容を書きましょう。

時間（　：　）〜（　：　）→ 学習内容（　　　　　　　　　　　）
　　（　：　）〜（　：　）→ 学習内容（　　　　　　　　　　　）
　　（　：　）〜（　：　）→ 学習内容（　　　　　　　　　　　）

②しほさんの例を見て、1週間の自分の学習計画を立てましょう。

計画を立てるときは、学校の宿題とそれ以外の勉強時間を分けるくふうをしています。漢字が苦手なので、少しずつ復習するようにしてがんばりたいです。

月	火	水	木	金	土	日
15:00〜15:30 宿題	15:00〜15:30 宿題	15:00〜15:30 宿題	15:00〜15:30 宿題	15:00〜15:30 宿題	10:00〜11:00 読書	10:00〜11:00 学校の復習・予習
17:00〜17:30 漢字ドリル	17:00〜18:00 塾	17:00〜17:30 漢字ドリル	17:00〜17:30 漢字ドリル	17:00〜17:30 漢字ドリル	17:00〜17:30 漢字ドリル	18:00〜19:00 塾の宿題

目標（がんばりたいこと）　［　　　　　　　　　　　　　］

月	火	水	木	金	土	日

自分が立てた目標や計画について発表し、友だちと話し合いましょう。

第2章　プレ思春期の社会生活

ワーク42　お金を大切に使おう

ワークのポイント　お金の使い方をふり返り、意識的にお金を大切に使えるように、おこづかい帳を書けるようにします。

最初に話してみよう

- おこづかいはいつもらっている？
- 自分のお金はどのように管理している？
- 今ほしいものは？

進め方

①子どものお金については、家庭によって考え方や方針があります。前もって今回の学習のような取り組みをすることを家の人に伝え、その家庭では子どものお金をどう扱い、管理するかといったことを家族で話し合っておいてもらうとよいでしょう。また、お金の管理のしかたについて、家の人に銀行口座に入れて貯金してもらっている、貯金箱に入れているなど、さまざまな例を出し合い、いろいろな方法があることを知る機会にします。

②おこづかい帳を初めて書く子どももいるため、どこに何を書いたらよいか、「うちわけ」とは何かなど、それぞれていねいに説明をします。このおこづかい帳のフォーマットをコピーして配付し、家庭で自分のおこづかい帳をつけるようにうながしてみてもよいでしょう。

生活にいかそう

- 自分でためたお金で買ったものはありますか。それは何ですか？
- もし今5000円もらったら、どのような使い方をしますか？

ワークシート

月　　日（　）

42 お金を大切に使おう

名まえ

おこづかいなどの自分のお金の使い方をふり返って、お金を大切に、じょうずに使えるようにしましょう。

①あなたのおこづかいの使い道や管理のしかたについてふり返り、書きましょう。
　また、(1)～(3)の問いについて友だちと話し合ってみましょう。

(1)毎月必ず買うものは？

(2)おこづかいをじょうずに使うためのくふうは？

(3)お年玉などの金額の大きなおこづかいは、どうしていますか？

②次のゆみさんの例を見て、ゆみさんのおこづかい帳を書いてみましょう。

● ゆみさんのおこづかいの例

もらったお金
- 7／5　　500円（お母さんから）
- 7／26　500円（お母さんから）
- 7／30　1000円（おばあさんから）

使ったお金
- 7／27　400円（お祭りで焼きそばを買った）
- 7／29　300円（プールの利用料）

ゆみさんのおこづかい帳

日付	うちわけ （だれからもらった・何に使った）	もらったお金	使ったお金	残ったお金
例 7/5	お母さんからもらった	500円		500円

第2章　プレ思春期の社会生活

ワーク43 予算内で買い物をしよう

ワークのポイント　身近なもののだいたいの値段を意識できるようにし、予算を考えて買い物を楽しむことができるようにします。

最初に話してみよう

- お金には、どんな種類があるかな？
- 最近、どんなものを買ったかな？
- それはどこで買って、いくらしたかな？

進め方

① 映画館やプール、遊園地のパンフレットなどを資料として用意しておきます。まずは何も見ずに、それぞれがいくらくらいかをイメージし、実際の金額と照らし合わせてみるのもよいでしょう。

②（1）（2）の場合について予算を考え、友だちと比べてみます。「もしお金が足りなくなったらどうするか。」「友だちとお金の貸し借りはしない。」といったことについても考えてみるようにします。

③ 日常生活で身近な文房具や食べ物などの値段を考え、実際の価格を知る機会にします。

④ お金の計算が苦手な子どもの場合は、電卓を使ってみたり、1000円札ではなく、100円玉10枚で細かくカウントしてみたりするなど、支援をくふうします。

生活にいかそう

・友だちとおかしを買いに行くとしたら、どこで何を買いたいですか？

・その場合の予算は、いくらくらいですか？

ワークシート

月　　日(　)

43 予算内で買い物をしよう

名まえ _____

「予算」とは、あらかじめ計画を立てて決めた金額のことです。買い物をするときには、予算を考えてお金を使えるようにしましょう。

①次の料金が、だいたいいくらくらいなのかを考えて書きましょう。

映画のチケット代
　　　　円くらい

近所のプールの利用料
　　　　円くらい

遊園地の入園料
　　　　円くらい

②次のような場合、だいたいいくら持って行けばよいか考えてみましょう。

(1)友だちといっしょに映画を見て、そのあとジュースを飲む。

(2)友だちと近所のプールに行き、そのあとファーストフード店でいっしょにお昼ご飯を食べる。

③次のものは、だいたいいくらするかを考えて書きましょう。

ノート
　　　　円くらい

筆箱
　　　　円くらい

まんが本
　　　　円くらい

アイスクリーム
　　　　円くらい

④好きなものを買えるお金が1000円あったとしたら、あなたは何を買いますか？考えて書きましょう。

_____

_____

101

第2章　プレ思春期の社会生活

ワーク44　親子関係について考えよう

ワークのポイント　思春期の親子関係について今感じていることを整理し、伝えたいことやわかってほしいことを考えます。

最初に話してみよう

- あなたの保護者はどんな人？
- 最近、親（家の人）と何の話をした？
- 家の人と話したいことは？

進め方

① よく注意されることについては、それに対する子ども側の率直な言い分（意見）も記入します。両方を書くことによって、親と子それぞれの立場や考えがあることに気づけるようにします。

② 食事のしたくや洗濯など、毎日、家の人にしてもらっていることに気づけるようにします。

③ 家の人に頼らないでできるようになりたいと感じている子どももいます。友だちの話を聞くことで、家の人とのかかわりにとまどったり、悩んだりしているのは自分だけではないことを知る機会にします。

④ 今回書き出した思いをかかえこまず、家の人に伝えてみようと話してあげましょう。また、どんなタイミングでどのように伝えたらよいかなど、話し合ってみるのもよいでしょう。

生活にいかそう

- よく注意されてしまうことの対策を考えましょう。
- 「今はほうっておいてほしい」というときの、家の人へのサインを考えましょう。

ワークシート

月　　日(　　)

名まえ

44 親子関係について考えよう

自分が成長していくにつれて親子関係も変化し、家の人のアドバイスを聞きたくない気持ちになることもあります。家の人との関係について考えてみましょう。

①あなたが家の人からほめられることと注意されることは、どんなことですか？
　思い出して記入し、注意されることに対するあなたの意見も書きましょう。

●ほめられること

●注意されること

あなたの意見

②家の人が、あなたのためにしてくれていることを考えて書きましょう。

③最近、家の人にたよらないでできるようになりたいと感じるのは、どのようなことですか？　友だちと話し合いましょう。

④家の人に伝えたいこと、わかってほしいことを書きましょう。

103

第2章　プレ思春期の社会生活

ワーク **45**

生活の中の「どうして？」を考えよう

ワークのポイント
「どうして？」と疑問や不満を感じるような発言や、家庭や学校でのきまりについて、その理由を想像します。

最初に話してみよう

- 怒られたとき、あなたはどんな気持ち？
- あなたの学校には、どんなきまりがある？
- あなたの家には、どんなきまりがある？

進め方

①注意されたりしかられたりしたときに、思わず「どうして？」と疑問を感じたり不満に思ったりすること自体は悪いことではなく、だれもがいだく感情であることを伝えます。そのうえで、「相手がどうしてそのように言ったのか？」ということにも意識を向ける必要があることを話し、考えられるようにします。

②「〜しなさい」という指示には、そうしたほうがよいという理由があることに気づけるようにします。大人からの指示的な伝え方にもくふうが必要なので、「もっとこんなふうに言ってもらえると、自分の受け止め方もちがってくる。」といったことを、大人に伝えて話し合ってみるのもよいでしょう。

生活にいかそう

・理由がわからないときは、質問をしてみましょう。あなたが質問しやすい人はだれですか？

・「どうして勉強をするの？」について、理由を考えてみましょう。

ワークシート

月　　日（　）

45 生活の中の「どうして？」を考えよう

名まえ

あなたは生活の中で「どうして？」と疑問や不満を感じたとき、どうしますか？
さまざまな「どうして？」について考えてみましょう。

①次の「どうして？」について考え、それぞれの気持ちを想像して書きましょう。

●おこられたときの「どうして？」

お母さんが、「早く宿題をしなさい！」とおこります。ぼくはサッカーの練習でがんばったから、とてもつかれているのに、どうして？

お兄ちゃんがおもしろそうなまんがをもっていたので、かってに借りて読んでいたら「何やってるんだ！」とおこられた。ぼくは読みたかっただけなのに、どうして？

お母さんはどうしておこったのでしょうか？

お兄さんはどうしておこったのでしょうか？

②次の例を読み、あなたの生活で「どうして？」と感じることを探し、それに対する理由「それはね……」について友だちと話し合い、書きましょう。

どうしてお母さんは「夕方までに家に帰って来なさい。」と言うのかな？ 友だちともっと遊びたいのに。
⇩
●それはね……
外が暗くなると寒くなるし、帰り道も暗くて事故や事件にあう危険があるから。また、宿題や夕食の時間がおそくなってしまうからです。

どうして？
⇩
●それはね……

どうして？
⇩
●それはね……

105

第2章 プレ思春期の社会生活

ワーク **46** 家族と話そう

ワークのポイント　その日のできごとや感じたこと、困っていることなどを、自分から家族に話したり相談したりできるようにします。

最初に話してみよう

- だれと住んでいる？
- 今日はだれと話をした？
- 家で何をする時間が好き？

進め方

①ちひろさんの例を読み、ふだん家族とどんな話をしているか、話す相手によって話題がちがうかどうか、どんな場面で家族と話をしているかなど、家族との会話をふり返り、友だちと話し合ってみます。

家族のだれとどんな話をしているか、話題ごとにふり返ることで、自分がふだんさまざまな話を家族と共有していること（またはその逆であまり共有できていないこと）、そのことによって自分がどのような気持ちになるかなどを考えてみます。また、家族だけでなく友だちとの会話においても、話題によって話す相手がちがうかどうかを考えてみます。

②家族に「最近うれしかったこと」「最近なやんでいること」を話すメモを書き、友だちどうしで話してみます。また、家族とは直接関係ないようなことでも、話をしてもらうと家族はうれしいのだということを伝えます。

生活にいかそう

・家族との思い出をふり返ってみましょう。

・今日のできごとを家族に報告してみましょう。

106

ワークシート

月　　日（　）

46 家族と話そう

名まえ

あなたは家の人とたくさん話をしていますか？　学校のことや友だちのこと、うれしかったことや困っていることなど、家の人に話してみましょう。

① 例を読み、あなただったら家族のだれにどんな話をするか考えて書きましょう。

●ちひろさんの例

　うちはお父さん、お母さん、お兄ちゃん、わたしの4人家族。わたしはお母さんといちばん仲よしで何でも話せるの！学校のこと、友だちのことなどいろいろ話します。
　お父さんには、勉強を教えてもらうことが多いかな。勉強のことはよく話をします。
　お兄ちゃんとはあまり話さないけれど、テレビの話や学校の話はします。

あなたなら、次のことについて家族のだれと話をするか書きましょう。

今日のうれしかったこと	なやんでいること	勉強のこと	自分の好きなこと

② 次のことについて、家族のだれにどう話したらよいかを考えて書きましょう。

最近うれしかったこと
だれに話す？（　　　　　　　）
「あのね……

最近なやんでいること
だれに話す？（　　　　　　　）
「あのね……

第2章 プレ思春期の社会生活

ワーク 47 いろいろな表現を使って話そう

ワークのポイント
様子や状況を伝えるときに、さまざまな表現があることを知り、自分の言葉で表現することを楽しめるようにします。

最初に話してみよう

- 話すことは好き？
- 今の気持ちは？
- 最近楽しかったことを、いろいろな言葉で表現してみよう！

進め方

① 「楽しい」「光る」「泣く」を、複数の言葉で表現してみます。それぞれの表現によって、「楽しい」にもいろいろな楽しいがあること、伝わり方にもちがいがあることを知り、その場の様子にもっとも適した使い方ができるようにします。

② 「そわそわする」「もやもやする」「ひやひやする」という表現から浮かぶイメージや、これらの言葉を使った文章を考えて、自由に書いてみます。自分独自の表現を考えてみてもよいでしょう。

③ 表現が単調になってしまいがちな子の場合は、「どんなふうに楽しかった？」「先生は不安なとき、胸がキューッとするなあ。」など、表現をふくらませるヒントを投げかけます。

生活にいかそう

・「ぬいぐるみのようにかわいい」「宝石のように美しい」「氷のように冷たい」など、たとえる表現を使ってより詳しく伝えてみましょう。

ワークシート

月　　日（　）

名まえ

47 いろいろな表現を使って話そう

日本語にはいろいろな表現があります。あなたの気持ちやその場の様子によく合う言葉を見つけて、話してみましょう。

① 次の言葉について、いろいろな表現を考えて書きましょう。

(1) いろいろな「楽しい」

心がおどる

わくわくする

(2) いろいろな「光る」（どのように光る？）

(3) いろいろな「泣く」（どのように泣く？）

② 次の言葉はどんな気持ちや様子を表しているかを考えて書きましょう。

(1) そわそわする

(2) もやもやする

(3) ひやひやする

③ あなたの今日のできごとを、なるべくいろいろな言葉を使って表現してみましょう。

109

第2章　プレ思春期の社会生活

ワーク48 ていねいな言葉で話そう

ワークのポイント　ていねいな言葉づかいで話す練習をして、目上の人に対してやその場の状況に応じて正しく使えるようにします。

最初に話してみよう

- 目上の人って、どんな人？
- あなたの先輩はだれ？
- だれに、ていねいな言葉づかいで話している？

進め方

①部活動をしている子どもたちの会話例を参考にして、先生や先輩には、「〜です」「〜ます」などのていねいな言い方で話していることを確認します。部活動をしている子どもに話を聞くなどして、先輩などの年上の人に対して、どうしてていねいな言葉を使う必要があるか理解できるようにします。

②(1)は「食べましたか」、(2)は「中学生です」、(3)は「できませんでした」に直します。ていねいな言葉づかいで話したほうがよい相手や場面について考え、「ていねいな言葉づかいを使って話せると、この子はしっかりした子だという印象をもってもらえるよ。」などと伝えます。

生活にいかそう

- ていねいな言葉づかいで、好きなものについて話してみましょう。
- ていねいな言葉づかいには、「です・ます」を使う以外に、「食べる」を「めしあがる」と言うなど、別の言葉を使う場合もあります。ほかにどんな言葉がありますか？

ワークシート

月　　日(　)

48 ていねいな言葉で話そう

名まえ

ていねいな言葉づかいにするには、文の終わりに「です」「ます」「ございます」などをつけて話します。先生や先ぱいに対してていねいな言葉づかいで話してみましょう。

①りゅうきさんと先ぱいの例を見て、ていねいな言葉づかいを考えましょう。

先ぱい、今週土曜日の練習試合は何時からですか？

9時には体育館集合だよ！

はい！ わかりました。ありがとうございます。

あなたの身の回りで、ていねいな言葉づかいをしたほうがよい相手は？	どうして、ていねいな言葉づかいをする必要があると思いますか？
＿＿＿＿＿＿＿＿＿＿＿	＿＿＿＿＿＿＿＿＿＿＿

②次の＿＿線の部分を、「です」か「ます」を使って書きかえましょう。

(1)「先生、昨日は何を<u>食べた</u>？」

(2)「兄は<u>中学生だ</u>。」

(3)「宿題は、わからなかったから<u>できなかった</u>。」

最近の楽しかったできごとについて、ていねいな言葉づかいで話してみましょう。

111

第2章　プレ思春期の社会生活

ワーク49 公共の場について考えよう

ワークのポイント　公共の場について知り、だれもが気持ちよく利用するために必要なことを考えます。

最初に話してみよう

- 電車やバスにはよく乗る？
- 図書館に行くときに気をつけていることは？
- 公園で遊ぶときに気をつけていることは？

進め方

①たとえば、「図書館は公共の場ですか？」「○○さんのおうちは公共の場ですか？」などとクイズ形式で投げかけてもよいでしょう。また、「公共の場」に共通することを話し合い、「公共のもの」と「私的なもの」とのちがいが理解できるようにします。

②公共の場で人の迷惑になる行為を考え、これまで公共の場でいやな思いをした経験があれば出し合い、「その行為はなぜ迷惑なのか」という理由についても話し合ってみます。また、実際に近くの公園や駅などの公共の場に足を運び、そこで見かけた気になる行為や、「このようなマナーが必要だ。」「自分たちが公共の場で心がけたいことは……」といった気づきを出し合います。

③さまざまな乗り物を挙げ、「公共の乗り物」か「私的な乗り物」かを話し合ってもよいでしょう。

生活にいかそう

- 学校も公共の場です。どんなルールがあれば、みんなが気持ちよく過ごせるか考えてみましょう。

112

ワークシート

月　　日（　）

49 公共の場について考えよう

名まえ

公共の場とは、だれもが利用できる場所のことをいいます。近くにどのような公共の場があるか、みんなが気持ちよく利用するにはどうしたらよいかを考えましょう。

①例のほかに、あなたの身近にある公共の場を考えて書きましょう。

> 例　公園、駅、レストラン　など

②公共の場で人のめいわくになるのはどんなことか、絵を見て考えましょう。

ほかに、どんなことに注意したらよいか書きましょう。

実際に公園などの公共の場に行ったときに気づいたことを、書いたり話したりしましょう。

③公共の乗り物にはどのようなものがあるか、考えて書きましょう。

第2章　プレ思春期の社会生活

ワーク **50** 外出時の安全管理①

> **ワークのポイント**
> 楽しい外出にするために必要なことを学びます。自転車に安全に乗るための交通ルールについても理解します。

最初に話してみよう

- 一人で出かけたことはある？
- お出かけのときに、家族と約束していることは？
- 自転車にはよく乗る？

進め方

①外出前には「だれと、どこへ行くか、何時に帰るか」を家の人に伝えることや、外出中にしてはいけないことのきまりを守ることが必要であると確かめます。また、子どもが外出中に身を守る合言葉「いかのおすし」を確認するとよいでしょう。「いかない」「のらない」「おおごえをだす」「すぐにげる」「しらせる」の5つの行動を、具体的なシーンとあわせて子どもに伝えます。

②正しいものには〇、まちがっているものには×をつけたら、そのように判断した理由を聞きます。ルールを守らないとどんな危険があるかを知り、交通事故を防ぐためにルールを守ることが大切であることに気づけるようにします。

③自転車は便利な乗り物ですが、乗り方によっては人の命にかかわる事故につながることを、しっかり確認しておくようにします。

生活にいかそう

・一人や家族以外の人と外出するときの約束を、家族と話し合って決めましょう。

ワークシート

月　　日（　）

50 外出時の安全管理①

名まえ

無事に帰宅するまでが外出です。けがや事故なく、安全に外出するために気をつけること、家族と約束しておくことについて学びましょう。

①絵を見て、楽しい外出にするために必要なことについて、問いに答えましょう。

外出前

外出中

帰宅時

| 外出前にしたほうがいいことは？ | 外出中にしないほうがよい（してはいけない）ことは？ | 家に帰る時間は何時と決まっていますか？ |

②自転車に乗るときのルールとして、正しいものには○、まちがっているものには×をチェックらんにかきましょう。

自転車に乗るときのルール	チェックらん	
(1)急いでいるときは、友だちと二人乗りをしてもよい。	○	×
(2)暗くなってから自転車に乗るときには、ライトをつける。	○	×
(3)けいたい電話で話したり、ゲームをしたりしながら自転車に乗ってはいけない。	○	×

③下の絵を見て、何が危険か、どんな注意が必要かを書いて話し合いましょう。

何が危険か、どんな注意が必要か。

第2章 プレ思春期の社会生活

ワーク51 外出時の安全管理②

> **ワークのポイント**　いつも行く場所にも危険がかくれていることを知り、いざというときに自分でできる対策を考えます。

最初に話してみよう

- よく行く公園は？
- よく行くスーパーマーケットは？
- 「ここ危ないな…」と感じる場所はどんなところ？

進め方

①よく行く場所でも、危険がかくれていることを伝えます。どんな場所にどんな危険がかくれているかを調べて、周りの環境に注目できるようにします。

②「増水注意」「工事中」などと書かれた看板に注目し、そこがどんな場所かに気づけるようにします。また、一人だけで公園で遊んでいたり、人通りのない暗い夜道を通ったりすると、犯罪に巻きこまれる危険があることを理解できるようにします。

③外出時に、事故やけがを防いだり犯罪から身を守ったりするために、どのような対策をとればよいか、友だちと話し合います。具体的にイメージするのが難しい場合は、どんな方法があるのかを提案します。

生活にいかそう

- 家の人や先生に、外出するときに気をつけてほしいと思っていることを聞いてみましょう。
- もし一人で外出しているときに「こわい」と感じることが起きたら、どうしたらよいかを考えてみましょう。

ワークシート

月　　日(　)

51 外出時の安全管理②

名まえ

楽しい場所にも、危険がかくれているかもしれません。身の回りにどんな危険がかくれているのか、どんなことに気をつけて過ごしたらよいのかを考えてみましょう。

①あなたがよく行くお出かけスポットはどこですか？

②絵を見て、外出中にどんな危険がかくれているかを考えましょう。

どうして危険だと思いますか？

危険だと感じたら、あなたはどうしますか？

③安全に出かけるために必要なことを考えて書きましょう。

第2章 プレ思春期の社会生活

ワーク52 きん急のときの対応を考えよう①

ワークのポイント　災害や事故などの対応のしかたや連絡方法を確認し、緊急事態のときに落ち着いて行動できるようにします。

最初に話してみよう

- 避難訓練ではどんなことをした？
- 天気予報は見る？
- 最近見た災害についてのニュースは？

進め方

①実際に災害や事故でこわい思いをした子どもは、当時のことをふり返るのが苦痛だったり、そのときの状況や感情をリアルに思い出してパニックになったりすることもあるので注意します。緊急事態に遭遇したときは、だれもがどきどきしたり、混乱したりすることを伝え、一人でどうにかしたり、気持ちを自分だけで処理しようとしたりせずに、必ず助けてくれる人がいるということ、家族や親しい人にこわかった思いを伝えてよいことなどを話します。

②緊急事態のとき、家族とはどのように連絡を取ったらよいか、家族と連絡が取れないときにはだれに連絡を取るかなど、家庭でも確認をしておくようにうながします。

③友だちの意見を聞き、さまざまな対処法があることを学びます。

生活にいかそう

・家の近くにある避難所はどこか調べましょう。

・防災バッグを準備してみましょう。何を入れますか？

ワークシート

月　　日(　)

52 きん急のときの対応を考えよう①

名まえ

人の安全や命にかかわるような危険なことが起きることを、「きん急事態」といいます。もしものときにどうしたらよいか、考えてみましょう。

①次の場合にどうしたらよいかを考えて書きましょう。

近所の家が火事に！

こんなときどうする？

家で一人でいるときに大きな地しんが！

こんなときどうする？

家の前で交通事故が！

こんなときどうする？

ほかにどんなきん急事態があるでしょうか？　自分の経験や知っていることを友だちと話し合いましょう。

②きん急のときの電話番号、連らく先、どのようなときに電話をしたらよいかを、それぞれ線で結びましょう。

110	・	・ 災害用伝言ダイヤル ・	・ 火事や急病人が発生したとき
119	・	・ 消防署・救急車 ・	・ 災害時に伝言を送り合うとき
171	・	・ 警察 ・	・ 事故や犯罪を見たり、自分がひ害にあったりしたとき

そのほか、自分のきん急連らく先をメモしておきましょう。
(連らく先、電話番号 ―― どのようなとき)
・
・
・

③次の場合、だれに何と連らくしたらよいかを考えて話し合いましょう。

塾に行くとちゅうで電車が止まってしまった。これでは間に合わない。どうしよう？

公園で遊んでいたら、友だちが転んで足をけがしてしまった。痛くて歩くことができないみたい。どうしよう？

119

第2章　プレ思春期の社会生活

ワーク 53 きん急のときの対応を考えよう②

ワークのポイント
トラブルが起きてしまったときに、どうしたらよいかを考え、落ち着いて行動できるようにします。

最初に話してみよう

- あなたの「緊急事態」はどんなとき？
- 持っていると安心なものは？
- 「緊急事態」のときに頼りになると思う人は？

進め方

①絵の場面がどんな状況なのかを質問し、状況をイメージしやすくします。どのように行動すればよいか話し合い、正しい対応のしかたを確認します。また、ほかにどんな緊急事態があるかについても、友だちと話し合ってみます。

②緊急時の対応について、正しいものには〇、まちがっているものには×をつけたら、そのように判断した理由を聞きます。また、どんな場面や場所で事故や事件が起きやすいかを知り、事前に対策ができること、起きてしまったときの対応について考えます。

生活にいかそう

・ワークシートに出てきた緊急事態について、周りの大人の意見も聞いてみましょう。

・「緊急事態！」にならないように、日ごろから気をつけられることはどんなことだと思いますか？

ワークシート

月　日(　)

53 きん急のときの対応を考えよう②

名まえ

気をつけていても、トラブルが起きてしまうことがあります。困ったことが起きたときに、どんな対応をしたらよいのかを考えてみましょう。

①次の場合にどうしたらよいかを考え、書きましょう。

こんなときどうする？

こんなときどうする？

こんなときどうする？

こんなときどうする？

ほかには、どんなきん急のときがあるでしょうか。考えて書きましょう。

②きん急のときの対応として、正しいものには○を、まちがっているものには×をチェックらんにかきましょう。×がついたものは、どんな対応をしたらよいかを考えましょう。

きん急のときの対応	チェックらん	
(1)横に知らない人の車が止まって「お母さんがけがをして病院に行ったから、いっしょに行こう。」と言われた。それはたいへんだ！　いっしょに行かないと！	○	×
(2)遊びに行った帰り道、体調が悪くなった。道の真ん中だけどすわって休けいしよう。	○	×
(3)川の近くに遊びに行ったら、なんだかいつもより水の量が多いかも。今日は川に近づくのはやめておこうかな。	○	×
(4)道を歩いていたら、「ぼくはYouTuber。きみがかわいいから写真をとってもいいかな？」と言われた。知らない人だから断ったよ。	○	×

121

第2章 プレ思春期の社会生活

ワーク54 インターネットを安全に使おう

ワークのポイント　インターネットを使用する際のルールやマナーを確認し、安全に使えるようにします。

最初に話してみよう

- インターネットは使ったことがある？
- それは何のために使った？
- いつも使っているのは、スマホ？タブレット？

進め方

① スマートフォンやタブレットなどは、長時間使ったり悪い姿勢で使ったりすると健康によくない影響を及ぼすことを伝えます。また、インターネットはだれとでも気軽にやりとりしたり写真や動画を簡単に投稿できたりして便利ですが、一方でトラブルに巻きこまれる危険があることも伝え、家で決められた使用時間や使い方などのルールを守ることが大事なことに気づけるようにします。

② インターネット使用のルールについて、正しいものには○、まちがっているものには×をつけたら、そのように判断した理由を聞きます。

③ スマートフォンを見ながら歩いていると、周囲への不注意から事故につながることをしっかり確認しておくようにします。

生活にいかそう

・インターネットを使っているときに困ったことがあったら、あなたはどうしますか？

・インターネット機器を家庭外で使うときに気をつけなければいけないことは、どんなことですか？

ワークシート

月　　日(　)

54 インターネットを安全に使おう

名まえ

家庭によって、インターネットの使い方のルールは異なります。家の人と話し合い、ルールやマナーについて考えてみましょう。

①あなたの家で決まっているルールについて書きましょう。これから使い始める人は、家庭で話し合い、ルールを決めましょう。

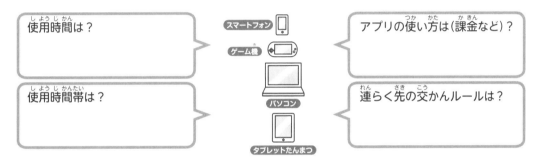

使用時間は？

使用時間帯は？

アプリの使い方は（課金など）？

連らく先の交かんルールは？

②インターネットの使用のルールとして正しいものには〇、まちがっているものには×をチェックらんにかきましょう。

インターネットの使用ルール	チェックらん	
(1)使用時間をこえるけれど、今ゲームがいいところなので続ける。	〇	×
(2)使用時間帯でないときに、明日のことで確認が必要なので友だちに連らくをとってよいか、保護者に確認をとる。	〇	×
(3)名まえも顔も知らない人から「友だちになろう」とメッセージがきたので、連らく先を交かんする。	〇	×
(4)友だちといっしょにやっているゲームで、「課金をしたら強くなる」と言われたけれど、課金はしないというルールなので断った。	〇	×

③絵を見て、何が危険か、どんな注意が必要かを考えましょう。

123

第2章 プレ思春期の社会生活

ワーク55 メッセージアプリのルール

ワークのポイント　メッセージアプリで会話をする際に気をつけることを学び、安全で楽しいやりとりができるようにします。

最初に話してみよう

- メッセージアプリは使ったことがある?
- メッセージアプリはどんなときに使う?
- メッセージと電話、どちらが使いやすい?

進め方

① 「長すぎる文章は送らない」「何通も続けて送らない」「人の悪口やうその情報は送らない」など、メッセージアプリで注意したいことに気づけるようにします。まだ使ったことのない子どももイメージできるように、例を挙げながら説明します。

② メッセージアプリのグループトークで、便利だと思ったことや困ったことなど、指導者自身の体験を話します。そのうえで、なぜ4つのルールに注意しなければならないかを考えられるようにします。
文字だけのやりとりは、直接のコミュニケーションと比べると言いたいことや気持ちがうまく伝わらないことがあり、トラブルになることもあることに気づけるようにします。

生活にいかそう

- これからメッセージアプリを使うときに、あなたが気をつけたいことを友だちと話してみましょう。

ワークシート

月　日（　）

55 メッセージアプリのルール

名まえ

メッセージアプリを使えば、実際に友だちと会わなくても話ができて便利です。楽しいやりとりにするために、気をつけなければいけないことを知りましょう。

① のぞみさんとはやとさんの例を見て考えましょう。

●のぞみさんの例

話したいことがたくさんあったから、思いついた順に長文でメッセージを送っちゃった。返事が返ってこないけど、もっと話したかったから続けて何通も送ったの。

●はやとさんの例

友だちが、メッセージアプリでほかの友だちの悪口を言ってきたんだ。ぼくは同じ意見ではなかったから同意できないけど、否定したらけんかになりそうだし……。

●1対1のトークで気をつけることは何か、二人の意見を参考に、考えましょう。

② 「グループトークでのルール」を考えましょう。

| 連らくが必要なこと以外は、無理に参加しなくてよい。 | グループ全員にかかわること以外は、グループトークに送らない。 | かってに他人の個人情報を公開しない。 | 写真や動画をかってに送らない。 |

↓　↓　↓　↓

| どうして？ | どうして？ | どうして？ | どうして？ |

125

第2章 プレ思春期の社会生活

ワーク56 SNSとのじょうずなつき合い方

ワークのポイント　さまざまな人とつながるSNSだからこそ、注意しなければいけないことを学びます。

最初に話してみよう

- SNSって何？
- よく使うSNSはある？
- オンラインゲームをする？

進め方

①SNSは、文や写真、動画を自由に投稿して世界中の人と交流できる一方で、多くのトラブルや事件が発生していることを伝えます。相手の顔が見えないという点を利用して、悪意をもった人がSNSをとおして近づくことでトラブルに巻きこまれたり、知らずに自分が犯罪行為に加担してしまう恐れがあったりすることを知ったうえで、例に書かれた子どもたちの声に対してどう思うか考えます。また、危険なことにならないように、どんなことが危険なのか、やってはいけないことは何なのか、もしトラブルに巻きこまれたらどうすればよいのかなど、利用のルールをしっかり学ぶ必要があることに気づけるようにします。

生活にいかそう

- これからSNS、オンラインゲームを使うときに気をつけたいことは何ですか？
- SNS、オンラインゲームを使ううえでのルールを、家の人と話してみましょう。

ワークシート

月　日(　)

56 SNSとのじょうずなつき合い方

名まえ

SNSやオンラインゲームでは、世界中の人と交流ができます。さまざまな人とかかわるために、気をつけなければいけないことを知りましょう。

①オンラインゲームやSNSを使うときのルールについて考えて書きましょう。

クラスの友だちとけんかした。いらいらするから、友だちの悪口をSNSに書くことにする。名まえを出さないからいいよね。

→ どう思いますか？

SNSを見ていたら、わたしとまったくちがう意見の人を見つけた。絶対まちがっていると思うから、注意しようかな。

→ どう思いますか？

オンラインゲームで仲よくなった異性に、「会おう！」ってさそわれた。毎日いっしょにゲームをしているし、会ってもいいよね？「住所教えて！」とも言われているから、教えちゃおうかな。

→ どう思いますか？

ダイエットをしようと思っているんだけど、「このサプリを飲んだら1日で10kgやせられる」っていうサイトを見つけたの。ためしてみようかな。

→ どう思いますか？

127

第2章 プレ思春期の社会生活

ワーク 57

インターネットのルールを知ろう

ワークのポイント　インターネットは使い方をまちがえるとだれかを傷つけてしまう危険性があることを理解し、安全に使えるようにします。

最初に話してみよう

- インターネットトラブルについて知っていることは？
- インターネットを使っていて、こわい・いやだと感じたことはある？

進め方

①SNSは自分の名まえを明かさずに参加できるので、気に入らない人の悪口を言ったり悪ふざけの動画を投稿したりする人がいますが、他人に迷惑をかけることは犯罪で、許されることではないことを伝えます。そのうえで、例のりつさんやそうまさんはどうすべきかを考えます。

②まんがや音楽、映像などの作品には著作権という権利があり、使うときにはつくった人の許可が必要であることを伝え、無断で使用したらどうなるかを考えます。

③文章や音楽、絵、映像など、身の回りにある著作物にどんなものがあるのかを調べます。友だちと話し合ってみてもよいでしょう。

生活にいかそう

・身近な大人に、インターネットを使用するときにどんなことに気をつけているかを聞いてみましょう。

ワークシート

月　日（　）

57 インターネットのルールを知ろう

名まえ

インターネットは楽しく便利なものですが、危険な面もたくさんあります。だれにとってもよいものであるように、インターネットのルールを知りましょう。

①これって悪ふざけで許される？　りつさんとそうまさんの例を見て考えましょう。

りつさんの例

今日、学校でかずやさんとけんかをした。いらいらするから、「あいつ、いなくなればいいのに」って、SNSにアップしよう。

●りつさんは、どうすべきだと思いますか。

そうまさんの例

パン屋さんのパンがふわふわして気持ちよさそうだから、さわってみたい。そうだ！　それを動画にとってSNSにアップしよう。

●そうまさんは、どうすべきだと思いますか。

②著作権とは、自分がつくったものをかってにコピーされたり、利用されたりしない権利のことです。二人の例を見て、どうしたらよいか考えましょう。

最近読んだまんががおもしろい。みんなにも知ってもらいたいから、写真をとってSNSにアップして、みんなにも読んでもらいたいんだ！

好きなアイドルグループの曲を無料でダウンロードできるサイトを見つけた！　ラッキー！

③著作権があるものは、周りにたくさんあります。どんなものがあるか考えましょう。

129

第2章　プレ思春期の社会生活

ワーク **58** ニュースを見てみよう

ワークのポイント　ニュースなどをとおして社会の中のできごとに目を向け、関心がもてるようにします。

最初に話してみよう

- 昨日はテレビを見た？
- お気に入りのテレビ番組は？
- 明日の天気は？

進め方

① 政治・経済・災害・科学・芸能・芸術など、ニュース番組で扱っている内容について、意見を出し合います。「どんなコーナーがあるか」「どんな出演者がいるか」など、興味のあることから話してもよいでしょう。また、テレビのニュース番組だけでなく、ほかにニュースを伝える媒体にはどのようなものがあるかについても話し合ってみます。

② よく見るニュース番組について、どうしてよく見るのか、どんなコーナーが楽しみなのかなどを子どもに話してもらいます。テレビの視聴については、家庭により事情や方針があることに配慮します。

③ 実際にお昼のニュースなどを視聴し、その中で気になったニュースについて、友だちと話し合ってもよいでしょう。

生活にいかそう

- ニュース番組を見て、どんなことが放送されているかをチェックしましょう。
- 新聞やインターネットでも、ニュースについて調べてみましょう。

ワークシート

月　　日（　）

58 ニュースを見てみよう

名まえ

テレビのニュース番組を見ると、今、社会でどのようなことが起きているかを知ることができます。

① ニュース番組ではどのようなことを伝えていますか？　考えて書きましょう。

例 事件、天気　など

② あなたは、いつ、どんなニュース番組を見ているかを書きましょう。

③ あなたが最近気になったニュースについて書きましょう。

最近気になったニュース

いつ？　：

どこで？　：

どんなこと？　：

このニュースについて、あなたが感じたことを書きましょう。

131

第2章 プレ思春期の社会生活

ワーク59 ユニバーサルデザインについて考えよう

ワークのポイント　ユニバーサルデザイン（UD）について知り、みんなが生活しやすくなるために必要なくふうを考えます。

最初に話してみよう

- ユニバーサルデザインって聞いたことある？
- 「使いにくいな〜」と思うものは、何かある？
- お気に入りの便利グッズはある？

進め方

①ユニバーサルデザインは、家の中や学校、町に広がっていることを伝えます。手の大小やきき手に関係なく使いやすいはさみや、幅が広くなっている駐車場のように、だれもが使いやすくなるようにくふうされているものが身の回りにあるかどうか調べてみます。

②学校や地域などでの事故やけがを防ぐくふうの一つに、ユニバーサルデザインがあることを伝えます。「点字ブロック」や「スロープ」があることで、どんなところがよいのか考えてみましょう。また、いろいろな立場の人が暮らしやすいようにほかにどんなくふうがあるか、友だちと話し合ってみます。

生活にいかそう

・ユニバーサルデザインの学校を考えてみましょう。
　（例：授業は？・校舎は？・使う道具は？　など）

ワークシート

月　日（　）

59 ユニバーサルデザインについて考えよう

名まえ

ユニバーサルデザイン（UD）とは、すべての人が使いやすいようにデザインされてつくられたものです。あなたの身の回りにあるユニバーサルデザインについて考えてみましょう。

①ユニバーサルデザインのものを、考えて書きましょう。

- 手の大小やきき手に関係なく、だれもが使いやすいはさみ。
- 使う人のことをよく考えているんだね。
- 車いすの使用者が安全に乗り降りできるように、ふつうの駐車場よりはばが広くなっている専用駐車場。
- 力が弱い人でも持ちやすくて、回しやすいキャップ。
- はばを広くした改札口や段差をなくした道路。

家の中や学校、町で、どんなユニバーサルデザインがあるか、探して書きましょう。

②絵を参考に、日常生活でいろいろ不便を感じている人たちが、どのようにすれば暮らしやすくなるか、話し合いましょう。

ほかにどんなくふうがあるか、話し合いましょう。

次の言葉の意味と、どんな場所にあるかを調べて書きましょう。
- ●点字ブロック
- ●スロープ

第2章　プレ思春期の社会生活

ワーク 60　多様性について考えよう

ワークのポイント　多様性について考え、それぞれちがいがあってよいことを理解し、お互いのちがいを尊重し合って楽しめるようにします。

最初に話してみよう

- 何色が好き？
- 「〇〇らしく」と言われたことはある？
- 多様性と聞いて、どんなことをイメージする？

進め方

① わたしたちが生きている世界の中にはさまざまな人々がいて、外見、文化、言語、宗教、生活習慣などにもちがいがあることを伝えます。クラスの友だちも、好きな食べ物や趣味、得意なことや苦手なことなど、まったく同じ人はいないこと、だれがよい・悪いということではないことに気づけるようにします。

② 性別のイメージによって決めつけることで、人を苦しめることがあることを伝えます。自分が言われたらどう思うか、友だちと話し合ってみましょう。

③ 「友だち・家族」「勉強」「お金」などの項目から、大切だと思う順に、□に番号をふり、1番目に選んだものは、なぜ1番にしたのか理由も考えます。そして、周りの人と話し合い、どれがいちばんいいか決めるのではなく、大切だと思うものは人によって異なる（価値観は異なる）ということに気づけるようにします。

生活にいかそう

- 自分らしい理想の服装をコーディネートしてみましょう。
- お互いに認め合う社会にするために、どんなことができるとよいと思いますか？

ワークシート

月　　日（　）

名まえ

60 多様性について考えよう

多様性とは、生まれもっている特ちょうや考え方などに、いろいろなちがいがあることです。外見はもちろん、好きな食べ物やしゅみ、得意なことや苦手なことなど、それぞれのちがいを大切にしましょう。

① 絵を見て、多様性について考えましょう。

あなたには、どんな友だちがいますか？　話してみましょう。

② 性について考えましょう。

● 男性と女性のイメージや、「男性らしく」「女性らしく」と言われたらどう思うかについて、書いてみましょう。

● 男女に関係なく楽しめるものがたくさんあります。どんなものがあるか、調べて書きましょう。

③ 大切だと思う順に、□に番号を書きましょう。

- [ ] 友だち・家族
- [ ] 勉強
- [ ] お金
- [ ] 健康
- [ ] しゅみ
- [ ] 人からの評価
- [ ] まじめさ

いちばん大切だと思ったことは、なんですか。
選んだ理由を、周りの人に伝えてみましょう。

周りの人の意見も聞いて、話し合ってみましょう。

135

COLUMN

こんなときは……

「家事」は子どもの仕事じゃないよ。料理も洗たくも、大人になったらやるから、今はだいじょうぶ。
（家族の中の役割が明確でなく、手伝いの経験も少ない）

先生 家の中の仕事にはどんなものがあるかな。朝起きてから夜寝るまで、1日の中で家族にやってもらっていることがいくつあるか考えてみよう。その中で、お手伝いしたら喜んでもらえそうな仕事は何かな？「自分にできそう」な仕事は何かな？ お手伝いは、生活の中で「できる」ことが増えることだし、家族にも喜んでもらえるよ。小さなことからでよいので、チャレンジしてみよう！

友だちにさそわれたら行くし、友だちが困っていたら助けてあげる。断ったらかわいそうだから。
（人のさそいやお願いを断ることが苦手）

先生 友だちの気持ちを大切に考えているんだね。でも、友だちとずっと仲よしでいるためには、自分に大切な用事があったり、自分にはできないことだったりしたら、「断る」ことも必要だよ。むりに引き受けるのではなく、「行けない理由」「できない理由」をていねいに伝えれば、友だちだっていやな気持ちにならないよ。じょうずな伝え方をいっしょに練習してみよう！

第3章
さくらんぼ教室の SST紹介

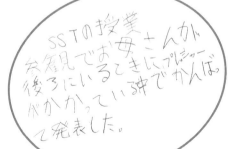

第3章 さくらんぼ教室のSST紹介

テーマ

関連する
ワークシート
20

自分の中にいる「キャラクター」とのつき合い方

ハッピーになりすぎると出てくる！
「ハッピーすぎるくん」
水を飲んだら落ち着く！

怒ると出てくる！
「ガルギルくん」
静かに楽しいことを
考えたらいなくなる。

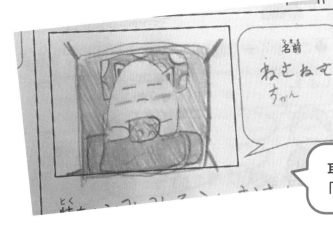

耳そうじ中に現れる！
「ねむねむちゃん」

自分の中にあるさまざまな気持ちや様子を、「キャラクター」にしてみました。「さっきはキャラクターが出てきちゃったな」「落ち着くまで、静かなところにいたいな」「出てきそうになったら、早めに休憩するといいかも」と、考えるきっかけにします。そのうちに愛着がわいてくることも。友だちとキャラクターを見せ合って、「わかる！」「その対処法、ぼくのキャラクターにも使えるかも！」と情報交換するのも楽しいですね！

テーマ

関連する
ワークシート
22

自分の個性を考えよう

のんびりするのが好きで、
やさしいところが長所！
でも、気が弱くて
不安になりやすいかも……。

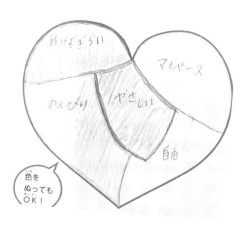

中心は「やさしい」だけど、
負けずぎらいな一面も！

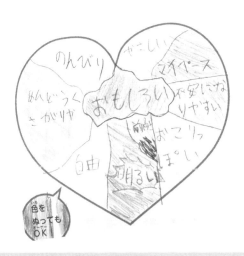

とにかく明るい！
毎日マイペースに
過ごしています！

"自分"の特徴を表す言葉をハートに書き入れて色分けしていくと、「心の個性」が見えてきます。友だちと発表し合うことで、ほかのだれでもない「自分のよさ」に気づくことができます。
「やさしい」「まじめ」「前向き」「すなお」「マイペース」……、みんないいところがたくさんあります。すてきな個性を、大切にしていきましょう。

第3章 さくらんぼ教室のSST紹介

テーマ

関連する
ワークシート
2・5・6

思春期って何？

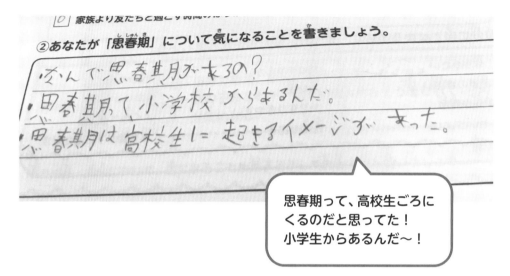

思春期って、高校生ごろに
くるのだと思ってた！
小学生からあるんだ〜！

「すなおになれない」という短所は、
「自分の軸をもっている」とも
考えられる！

思春期といっても、「いつから？ どんな？」は、はっきりわからず、変化にとまどったり不安になったり、落ちこんだり……。大人になるために起こる変化や「人とちがってもよい」ということを、事前に知っておくと安心できます。自分の短所やできないことに目が向きやすい時期だからこそ、「今できていること」をたくさん書いたり、友だちと伝え合ったりする活動が自己理解につながります。

テーマ

関連する
ワークシート
37・38

自己管理をしよう

①絵を見て、問いに答えましょう。

あるきやすい！まわりのものをぶく

何をどこに
かたづければ
よいでしょうか？

きれいにたたむと、
しまいやすいですね。

すみずみまで
きれいにするには？

自分だけでなく家の人との生活にも目を向けましょう。そして、家の中の仕事について考え、自分でできることを増やします。
ふだんは家の人にやってもらっている家事も、実際に練習をしてみることで「できた！」の経験を増やし、新しいことにもチャレンジしましょう。「やらなければいけないこと」から「自分でやってみたい！」という気持ちを育てます！

第3章　さくらんぼ教室のSST紹介

テーマ

関連する
ワークシート
54〜57

SNSとのつき合い方

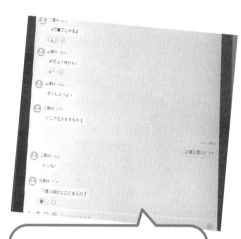

実際のやりとりを想定して、紙に書いたり、タブレットを使ったりします。

② SNSで知り合い、DM（ダイレクトメッセージ）をくれた「ちゃむ」さん。同じ市に住んでいる、高校生なんだって！ 地元トークで盛り上がって、「今度会おうよ！」って言われた！

どうするとよいかな？　会わない　相手が高校生とはかぎらないので

SNSで知り合った人と、
「二人では会わない！」
「おない年って、うそかも…？」

スマートフォンやタブレットを使いこなしている子どもたち。便利な一方で、使い方をまちがえるとだれかを傷つけたり、危険な目にあったりと、注意が必要。家庭のルールはそれぞれですが、安全に活用するために、守らなくてはいけないことを、仲間どうしで話し合いながら学びます。保護者からは、「親から言われてもピンとこないようですが、友だちと決めたルールは守っています」と好評です。

テーマ

関連する
ワークシート
15・16／30〜33

友人とは？

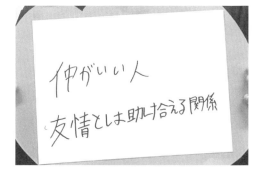
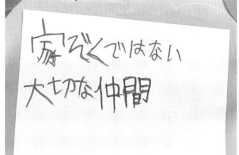

たいへんなときやつかれたときに、はげましてくれた。
なやみを聞いてくれた！

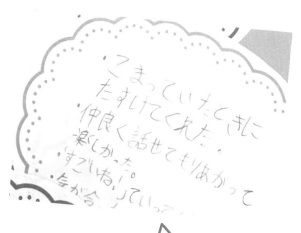

仲よく話して、盛り上がって楽しかった。
いつもありがとう！

「友人ってどんな存在？」と尋ねると、いろいろなこたえが返ってきました。家の人や先生以外にも安心できる友人の存在は、思春期の支えになります。一方で、対等な立場だからこそうまくいかないときもあるもの。お互いの意見を尊重できる友人関係を目指して、言葉の選び方や伝え方を練習します。まだ親友が見つからない子も、きっといつかいい出会いがありますよ。

さくらんぼ教室メソッド
プレ思春期のSST（ソーシャルスキルトレーニング）ワーク

2025年3月11日　第1刷発行

著　者	伊庭葉子　德永由弥

発行人	川畑　　勝
編集人	木村　昌弘
編　集	谷澤　亮司
編集協力	中山　幸夫
デザイン	曽矢　裕子
イラスト	坂木浩子　中村頼子

発行所	株式会社 Gakken
	〒141-8416　東京都品川区西五反田 2-11-8
印刷所	株式会社　リーブルテック

●この本に関する各種お問い合わせ先
本の内容については、下記サイトのお問い合わせフォームよりお願いします。
https://www.corp-gakken.co.jp/contact/
【書店購入の場合】
在庫については　Tel 03-6431-1250(販売部)
不良品（落丁、乱丁）については　Tel 0570-000577
学研業務センター　〒354-0045 埼玉県入間郡三芳町上富 279-1
【代理店購入の場合】
在庫、不良品（乱丁・落丁）については　Tel 03-6431-1152(事業部直通)
上記以外のお問い合わせは　Tel 0570-056-710(学研グループ総合案内)

© Yoko Iba,Yumi Tokunaga 2025 Printed in Japan

本書の無断転載、複製、複写（コピー）、翻訳を禁じます。
本書を代行業者等の第三者に依頼してスキャンやデジタル化することは、たとえ個人や家庭内の利用であっても、
著作権法上、認められておりません。

学研グループの書籍・雑誌についての新刊情報・詳細情報は、下記をご覧ください。
学研出版サイト　https://hon.gakken.jp/